陸家驥編著

詞人詞事趣談

中華書局印行

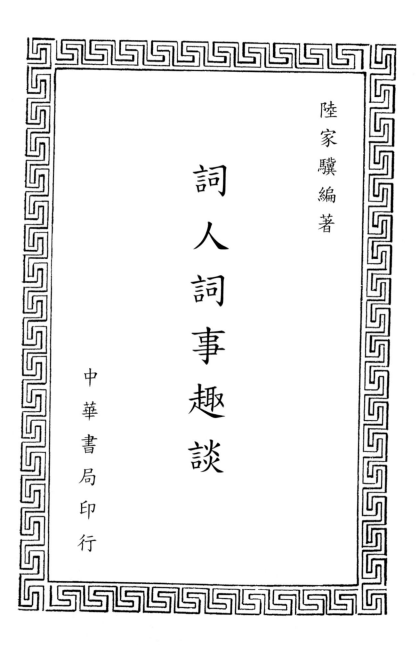

前言

所謂：「四言敝而有楚辭，楚辭敝而有五言，五言敝而有七言，古詩敝而有律絕，律絕敝而有詞。蓋文體通行既久，染指遂多，自成習套，豪傑之士亦難于其中自出新意，故遁而作他體，以自解脫。一切文體所以始盛中衰者，皆由於此。」實在是「不易之論」。

然而，「詞」是韻文中具有特殊體裁的一類，和「曲」一樣，又都是「樂府」上的名稱，由於「詩」中也有「樂府」內容，所以，古人說：「詞者，詩之餘也。」把詞又稱做「詩餘」。不過，宋以後的詞，已不能唱。當然也失去「樂府」的內涵，和音樂脫節，形成文學上的「長短句詩篇」，何況，它的特色是「調子固定」，永遠不變。必須按照調子作。不可改變原來的形式，因「調子」不能牽就「詞句」，只有用「詞句」來牽就「調子」，所以稱做「塡詞」。實在是「詩」、「詞」最大的分別。

概括的說來，樂府、詩、詞、曲，本是一家。朱熹的「泛聲」便說：「古樂府只是詩，中間卻添許多泛聲。後來人怕失了那泛聲，逐一聲添個實字，遂成長短句，今曲子便是。」

胡適參酌朱熹、方成培等人的說法，歸納成：「唐人所歌的詩，雖然是整齊的五言，六言或七言詩，而音樂的調子，卻不必整齊。儘可以有「泛聲」、「和聲」或「散聲」。後來人要保存那些「泛聲」，所以連原來有字的音和無字的音，一概塡入文字，遂成了長短句的詞了。」換句話說，古樂府在聲不在詞，唐初舊曲，大都是聲、詞俱存，有聲無詞者甚少。故當時所擬的古樂府不能自製曲調。直到宋代，僅傳其歌詞之法，失卻歌詩之法，於是一衍而爲近詞，再衍而爲慢詞，如柳永之作，即取其聲，非取其詞也。

不過，現在我所談的，乃是就自唐以來的「詞」中，擇其有趣味，與某人某事有關連者，加以縷述，藉博一粲。既不是詞選，也不是詞話，僅屬於詞林瑣事趣聞的閒聊而已！如以此爲「酒後茶餘」消遣和笑談之資則可，如用來作爲研究詞章淵源則不可。因爲，此書旨在談「趣」，希望讀者能因此引發研究詞章的興趣，才是我所迫切企求的！

畢竟，塡詞不是件容易事，初學時，往往會產生枯燥無味的壓迫感，但如先從「興趣」啓發着手，來冲淡「說教」和「規則」上的桎梏，應當是份能「引人入勝」的好辦法。

今年入夏以來，天氣特別炎熱，揮汗寫稿，尤其艱辛。其能持以不懈，厥抵於成者，霞美妹之匡助鼓勵尤多。書成之日，謹致謝悃！

自慚才識並短，魯魚亥豖，舛誤不少。倘蒙指教，不勝榮幸之至！

戊午立秋日陸家驥謹識於台北市聯合二村寓次

詞人詞事趣談　目錄

乙編：北宋……四三—一〇九

丙編：南宋……一四八

丁編：金元及明……一四九—一七七

甲編：唐及五代

一

李白、菩薩蠻

平林漠漠烟如織，寒山一帶傷心碧，暝色入高樓，有人樓上愁。玉階空佇立，宿鳥歸飛急，何處是歸程？長亭更短亭。

李白、憶秦娥

簫聲咽，秦娥夢斷秦樓月。年年柳色，灞陵傷別！樂遊原上清秋節。咸陽古道音塵絕。音塵絕，西風殘照，漢家陵闕。

花庵詞選稱：「李氏菩薩蠻、憶秦娥二詞，爲百代詞曲之祖。」

郭茂倩唐詞紀曰：「憶秦娥，商調曲也，鳳樓春卽其遺意。」太白菩薩蠻或疑是溫庭筠輩僞託，憶秦娥無議其僞者。」

杜陽雜編載：唐宣宗大中初年，女蠻國入貢。其入，危髻金冠，纓絡被體，時人謂之「菩薩蠻」。當時倡優遂歌菩薩蠻詞。徐釚詞苑叢談，因疑此詞不出李白，說是溫庭筠所作。但據王國維考證，隋恒農太守崔宣度五世孫崔令欽所著「教坊記」，在唐玄宗朝，早有「菩薩蠻」等曲。胡適雖疑爲後人添入，了無確證。因此，鄭振鐸的「詞之啓源」中，曾加以辨駁。何況宋時無論是「花庵詞選」「草堂詩餘」「通志」及「湘山野錄」，多指爲李白之作。詞家多視李的此作爲「詩餘之祖」。不過，不論是誰的作品，就詞言詞，也惟有才能和李白相像的人，始可寫得出這樣的詞來，那麼，視爲李的作品，又有什麼不可以呢？

此闋「菩薩蠻」，也有人名爲「閨情」。

至於「憶秦娥」，按照顧起綸的「花庵詞選」跋稱：「李太白首倡憶秦娥，悽惋流麗，頗臻其妙，爲千古詞家之祖。」可謂推崇備至。此詞又名「秋思」。

列仙傳說：「秦穆公女兒名弄玉好吹簫，當時有善吹簫者，穆公封爲簫史，以弄玉妻之，並作鳳凰台，爲弄玉夫婦居處，一日，夫妻隨鳳飛昇而去。」秦娥是指秦穆公的娥眉女，他倆吹簫引鳳之樓稱爲秦樓。

「菩薩蠻」是描寫深秋黃昏情景，氣象蕭瑟。一片感傷，意境獨高。

「憶秦娥」則是借閨中少婦思念離家遠出的夫壻，用吟詠訴說出內心的蒼涼。人生如夢，悲歡不常。遙想昔日原上遊樂情景，不禁悵然若失。

李白，字太白，隴西成紀人，涼武昭王暠九世孫，其先徙西域，還客巴蜀。白喜縱横術，擊劍任俠，輕財重施。至長安，往見賀知章，知章見其文，歎曰，子謫仙人也。言於玄宗，詔供奉翰林。安祿山反，轉側宿松匡廬間，永王璘辟爲府僚佐，璘起兵，逃還彭澤，璘敗，白亦當誅，先是，白客幷州，識汾陽王郭子儀於行伍間，郭偶誤戎機獲罪，白爲其脫刑責，而奬重之，及翰林坐永王事，時汾陽功成，請以官爵贖翰林，上許之，因免誅。改流夜郎，會赦還潯陽，坐事下獄，宋若思釋囚，辟爲參軍，未幾辭職，李陽冰爲當塗令，白往依之。代宗立，以左拾遺召，而白已卒。

李陽冰、草堂集序說：「太白不讀非聖賢之書，恥爲鄭衞之作，故其言多似天仙之辭，凡所著述，言多諷興，自三代以來，風騷之後，馳驅屈宋，鞭撻揚馬，千載獨步，惟公一人。」

二　張志和、漁歌子

西塞山前白鷺飛，桃花流水鱖魚肥，青箬笠，綠簑衣，斜風細雨不須歸。

張志和，原名龜齡，後來改名志和，字子同，婺州金華人，母親夢到在腹部生長出楓葉來，不久就懷孕生了志和，因此家人對他特別好感，認有來歷，前途無限。十六歲時擢明經，受到肅宗的賞識，任命爲待詔翰林，授左金吾衞錄事參軍。用現在的官名來解釋，正是侍從秘書及侍衞官的職位。而他的捨「龜齡」原名不用，就是爲了肅宗賜名「志和」的緣故。算得上是肅宗的近臣，可是不知犯了什麼罪，被貶到南浦做縣尉，也許罪不大，不久被赦免還京。正當此時又因遭遇親喪，回家守制。服滿後、再也不肯在宦海浮沉。也許上次貶官打擊，使他心存蒂芥而辭官，還鄉後曾寫了一部「玄眞子」，自稱烟波釣徒，也稱爲玄眞子，過著優哉游哉的閒適生活。

肅宗爲庸酬他擔任近侍時的辛勞，特別賜給他男奴、女婢各一名，終身侍候他。

張志和是個十分開朗而又有情趣的人，他給男奴起名「漁童」，給女婢起名「樵青」，要他們兩人結爲夫婦，並且親自替他倆主持婚事。他自稱「煙波釣徒」，在樵青和漁童的照料下，三個人安閒適意的共同生活着。

這位「煙波釣徒」，無官一身輕的過著自由自在的生活，眞是舒適極了！他的垂釣，並不設餌，實在是志不在魚也。因此，李德裕稱他是：「隱而有名，顯而無事，不窮不達，可與嚴光相比擬。」

他那恬適自然的生活，引發出自內心的欣悅，因此才模倣當時民間漁夫歌唱調子，寫成了這首「漁歌子」。

由於這首「似是而非」的變態七言絕句，成爲「中唐」初期的創調，介乎「詩」「詞」之間的長短句，開啓了「詞」創作的先河，其實，也是十分偶然的事。

他的漁歌子，也可以視爲「七言絕句」，不過是在第三句減一字，改作三字兩句而已！正如同韓翃的章台柳，（見第六篇）屬於仄韻七言絕句，惟於第一句減一字，改作三字二句，與本篇形式一樣，不過減字的地方不同而已！

有一點，必須加以澄清。唐代乃至唐以前的樂府，歌和詞是分開來做的。而是先有詞章，然後有歌曲。玄宗和楊貴妃賞花，要李白寫成「清平調」，受到玄宗和貴妃的節擊讚賞，玄宗說：「對妃子，賞名花，焉用舊曲。」這才命李龜年重譜新聲，便是一個很明顯的例證。然而，在唐代末葉，兵燹之餘，這首「漁歌子」曲譜，早因失去依附而亡失。直到宋時，由於蘇軾對此詞十分欣賞，曾無限感慨的說：「元眞語極麗，恨其曲度不傳。」這才在沒有辦法中想出辦法來的情況下，添加數語，成爲「浣溪沙」，然後可以吟唱。

徐釚、詞苑叢談中說：「蘇軾增句作浣溪沙，黃庭堅增句作鷓鴣天，亦借聲之法也。」增句後的蘇詞是：

蘇　軾、浣溪紗

西塞山前白鷺飛，散花洲外片帆微，桃花流水鱖魚肥，自庇一身青箬笠，相隨到處綠蓑衣，斜風細雨不須歸。

只是，黃山谷讀完蘇詞，卻說，可惜散花與桃花，花字重疊，同時，漁舟也多不張帆，和事實有出入。因此，他便將唐時顧況的一首「漁父詞」滲合「漁歌子」，也填了一首「浣溪沙」，先說顧的原詞是：

顧　況、漁父詞

新婦磯邊月明，女兒浦口潮平。沙頭鷺，宿魚驚。

山谷增句後的詞是：

黃山谷、浣溪紗

新婦磯邊眉黛愁，女兒浦口眼波秋，驚魚錯認月沉鉤。青蒻笠前無限事，綠蓑衣底一時休，斜風細雨轉船頭。

山谷既曾批評過蘇詞「浣溪沙」的缺失，東坡自然也要對黃詞，仔細研究一番，結果，對此詞東坡跋云：「魯直此詞清新婉麗，問其最得意處，以山光水色，替卻玉肌花貌，眞得漁父家風也。然才出新婦磯，便入女兒浦，此漁父無乃太爛浪乎！」似乎對黃詞也不敢恭維。

宋高宗趙構，能詞且自製曲，有舞楊花詞傳世。他也曾作過「漁歌子」詞，且多至十五章，廖瑩中江行雜錄，曾經有如次的評謂：「光堯漁歌子十五章，清新簡遠，備騷、雅之體，雖古之騷人詞客，老於江湖，擅名一時者，不能企及。」可見他對詞的造詣。然而，也許因他的身分特殊，宋代又是「詞的盛世」，所以很少在談詞的書中，找到他的作品，他的「御製集」，在彙刻南宋人詞，毛本、侯本、王本、朱本、吳本中，皆未曾見。因此，特地抄錄其「漁歌子」一首，介紹如次：

水涵微影澹虛明。小笠輕簑未要晴。明鏡裏，縠紋生。白鷺飛來空外聲。

元時，吳鎮善題畫，有題「漁歌子」畫詞爲：

紅葉村西月影餘，黃蘆灘畔月痕初。輕撥掉，且歸歟。掛起漁竿不釣魚。

歷代詞話說：「仲圭工畫，此詞之高妙，何減張志和？」使「漁歌子」詞之餘波盪漾，無有已時。太平清話也談到，趙孟頫，字子昂，本宋太祖子秦王德芳之後，賜第湖州，遂爲湖州人，元時，以程鉅夫薦，入見，授兵部郎中，累官至翰林學士承旨，其夫人管仲姬，工詩善畫，亦能小詞，嘗題漁父圖，云：

人生貴極是王侯，浮利浮名不自由。爭得是，一扁舟，弄月吟風歸去休。

分明是在奉勸孟頫的退隱，然而，這位昔日王孫，熱衷富貴，不以事元爲恥辱，卻依原韻和以作答云：

煙波一葉舟，西風暮落五湖秋，盟鷗鷺，傲王侯。管甚鱸魚不上鈎。

使得「漁歌子」又變成諷世喻事的「漁父詞」用途更爲寬廣。歷唐宋元明清諸朝乃至民國，雖仍多效顰者，終成強弩之末，無復前人氣象矣！

三、韋應物、調笑令

河漢河漢，晚掛秋城漫漫。愁人起望相思，塞北江南別離，離別離別，河漢雖同路絕。

韋應物，京兆長安人，建中初拜比部郎中，出爲滁州刺史，久之，始調江州改授左司郎中，終於蘇州刺史，世稱「韋蘇州」。

應物性高潔，所在焚香掃地而坐。交友極爲嚴謹，當時祇有顧況、劉長卿、丘丹、秦系、皎然諸人，能夠和他相酬唱，結爲朋友。其中，和皎然的相交，最富傳奇性，皎然本姓謝名晝，吳興人，乃謝靈運的十世孫，當他和陸羽同住在妙喜寺肄業時，已有詩名。想謁韋應物求指教，惟恐自己做的律詩，不合韋的口味，特地在舟中抒思苦吟，做了十多篇古體詩作爲贄敬，出乎意料之外，全不爲應物所喜，皎然十分失望，第二天，索興將他平日詩稿，重新繕呈，應物吟諷後則大加歎詠。便對他說：「大師幾乎失去聲名，爲何不拿自己的擅長來顯露，反而想迎合老父之意，另砌爐灶，豈不可惜。何況，人各有長，勉強不來。」以後韋和皎然便成了知交。

韋的詩閒澹簡遠，人比之陶潛，稱爲「陶韋」，可見他的身價，不過韋以詩名傳世，著有韋蘇州集十卷傳世，詞乃偶然爲之，且不離詩的臼窠，嚴格說起來，不能算是詞家，僅僅聊備一格而已！

據考：唐代有兩位韋應物，多是文壇佼佼者，本篇的作者，乃是生於玄宗開元時，德宗建中初年，拜比部郎中，出爲滁州刺史，天寶中，調江州，貞元二年任蘇州刺史，不久卽謝世。世稱爲韋蘇州，是盛唐人。另一位韋應物乃是中唐人，不可混爲一談。

四　劉禹錫、春去也

春去也，多謝洛陽人。弱柳從風疑擧袂，叢蘭挹露似霑巾，獨坐亦含顰。

劉禹錫字夢得，彭城人。貞元九年進士，登博學宏詞科，王叔文用事，引入禁中，叔文敗，坐貶連州，在道貶朗州司馬，在朗州時，地接夜郎諸夷，文化落後，風俗簡陋。每遇疾病或問吉凶，多祈於巫鬼，禹錫乃採當時民歌，作爲「竹枝詞」十餘篇，以祀神祭鬼，流傳甚廣。武陵夷俚，皆能歌唱。後更復作楊柳枝詞，踏歌詞，柳花詞，插田歌等。竄謫荒蠻十年餘，成就斐然，開後人以異鄉風土，採民歌風格作爲「竹枝詞」之先河，成爲最早的「民謠、民歌」。

碧鷄漫志說，此曲自唐至今皆南呂宮，曰「望江南」，因劉詞故名「春去也」，與馮延巳五十九字體「憶江南」不同。

前面談到，隋唐時代的詞和曲，是分開來做的，先有詞然後製譜作曲，因此，我們把能唱的詩稱做「樂府」，像李白的「清平調」，王維的「渭城曲詞」，也就是「陽關曲」都屬此類。

劉禹錫的春去也詞，原可用「望江南」曲來唱，因劉詞首句「春去也」，改爲詞名。其實，劉是以詩享譽，和白居易齊名，時稱「劉白」，白居易對他極爲折服，尊之爲「詩豪」，謂其鋒芒森森然，人不敢當。他的作品，七絕最好，七律也是出類拔萃。「西塞山懷古」詩，竟使白居易、韋應物諸名家擱筆，可見其功力。至於他的詞，乃雅興所至，偶然爲之，談不上稱爲詞家。

「劉夢得集」載此詞時說：「和白樂天春詞，依憶江南曲拍爲句。」實在是開「依調塡詞」的先河。請參閱第五篇白詞憶江南即知。

五　白居易、憶江南

江南好，風景舊曾諳。日出江花紅勝火，春來江水綠如藍，能不憶江南？

白居易，字樂天，下邽人，貞元中，擢進士，元和元年對制策，召入翰林爲學士，累官至刑部尚書，太子少傅。他生下來七個月，便能翻書，用姆指指出「之」「無」的字，百試不爽，近成年的時候，到京都長安拿文章求謁顧況，顧是當時的著作郎，善歌詞。樂天本想因他的提拔和薦擧而揚名，可是，顧況生性詼諧，自恃才高，少所推可。顧況看到他名「居易」時，便以不屑的口胳對他說：「長安米珠薪桂，居大不易。」分明在揶揄他。然而，當他讀完白詩「離離原上草」的警句：「野火燒不盡，春風吹又生」時，却禁不住改口說：「有如此佳句居亦何難？」遂改容相見。讚不絕口的對他道：「吾謂詩文遂絕，今復得子矣！」有了這段趣談，樂天的聲名，因而大噪，自然是「名動京師」了。

他所做的詩文，通俗淺顯，每當完篇後，常拿來唸給老婆婆們聽，如果她們說不懂，便立刻修改，被人稱做「老嫗都解」。

唐穆宗好畋游，樂天曾獻箴以諷之，不爲穆宗接納，乃謫外遷爲杭州刺史，後來，又改拜蘇州刺史，在江南的時日既久，當文宗以秘書監召他，擔任刑部侍郎，回到長安任官時，自然會對江南的風物，產生了嚮往和懷戀，何況，北國的嚴冬早降，積雪飛花，氣候苦寒，比不上江南的春花秋月，日麗風和，令人依依不捨也。

樂天和禹錫的情形，完全一樣，最工詩。塡詞不過是偶然興到之作，談不到有什麼造詣。

「憶江南」曲調之得名，乃是從「謝秋孃」故事而來，按唐李德裕鎭浙西，悼亡伎謝秋孃，用隋煬帝所作「望江南」調，撰謝秋孃曲，樂天作此詞，改成「憶江南」，後人又因樂天此詞首句，以「江南好」名之。此詞實乃是原題本意。

六　韓翃、章台柳

章台柳、章台柳，往日青青今在否。縱使長條依舊垂，亦應攀折他人手。

韓翃是唐代大詩人之一，他的做官，就是因爲詩中警句「春城無處不飛花」，受到德宗的喜愛，詔他擔任知制誥的，其實，另一首是詩亦詞的「章台柳」，更影響了他的一生，故事凄艷動人，却能以喜劇收場，縱觀他的一生，兩度受到幸運之神的照拂，實在是可遇而不可求的機遇。

韓在少年時，家中貧寒，但仍能用心讀書不分心，受到緊鄰一位李將軍外室柳氏的注意，看他不卑不亢的態度，絲毫沒有因貧困而氣餒，悄悄的向李將軍建議說，我看韓秀才窮得可憐，卻能處之泰然，交往的儘是些有學問的人，決不會長期貧阨。倘給些幫助，也許能使他早日出頭。將軍聽了默默地沒有做聲。一天，要柳氏做了一桌酒席，邀韓翃過來飲酒聊天，吃了一半，李將軍舉杯，向他正式言道：「秀才是當今才子，柳氏稱得上是位佳人，才子配佳人乃是當然的事，今天我邀你來此，願將柳氏轉贈，希望您倆能白頭偕老，也不辜負我一番苦心。」即刻邀請柳氏出來相見，韓翃堅持不肯接納，將軍又解釋說，大丈夫膽肝相照，一句話說得投機，終生為友，萬死不辭。我和你相交已久，稱得上知己，不必再固執了。韓才一口氣答應下來，李又繼續說，像你如此窮困，衣食不週，實在影響到做學問。柳氏有私房錢百萬，正可協助你解決問題，還是位賢內助，又對你傾心拜服，一定可以齊心合力，成就你的偉大功業。說完，騎馬揚長而去。

柳氏閨名衣蕙，韓翃自得到她，無論在精神上或是物質上，都受到極大鼓勵，很快的便一舉成名。不久，淄青節度使侯希逸，竭誠相邀，臨行的時候，和柳氏約好，一旦生活安定後，便來接她，三年匆匆過去，由於沿途戰爭頻傳，路又不通，祇有靠軍中文書傳遞之便互相慰藉而已！上述「章台柳」詞，便是當時韓寄贈給柳氏的。

此詞情誠意摯，膾炙人口，不久便傳遍了京師。柳氏自接丈夫的詞章，也為着自己的聲名太高而躭心，經過考慮，決定先行削髮，避住尼庵，靜待夫婿的歸來。同時，又依原句唱和，用來表明心跡，回贈韓翃道：

楊柳枝，芳菲節，可恨年年贈離別。一葉隨風忽報秋，縱使君來豈堪折。

畢竟是樹大招風，何況柳氏的風華絕代，又是巧擅詞章的才女。躭心的事，終于發生，仍不免遭到蕃將沙吒利的刼持。等到韓翃隨同侯希逸進京朝謁，轉回家門，早已人去樓空。多方打聽才知被刼持的經過，奪還的希望當然是十分渺茫的，只有暗自傷感而已！

一天，臨淄令虞侯，邀宴侯希逸，韓翃也在座作陪，席間韓的面色凝重，一反過去的有說有笑，大家都說他煞風景，幾番追問，韓這才將柳氏被刼事，和盤托出。在同聲惋惜的當兒，卻激怒了虞的幕僚許俊，他氣急敗壞的說，番奴欺人太甚，我早想做一番驚天動魄的事，可惜沒有機會，現在，正是我求表現的時候了！請韓先生馬上寫一紙便條給柳夫人，作爲徵信，我立刻將她奪回來。禁不起席間友人們的起鬨，韓翃只好照辦，許俊接到字條，隨卽上馬，直奔沙吒利的行轅，正好沙不在，許便假說沙騎馬不愼受傷，跌斷骨骼，生命垂危，請柳夫人快去照料。柳在驚惶中出見，許便將韓的字條交她看過，扶她上馬，惶急奔回府中，酒筵猶未散席，韓柳相見，恍如隔世，滿座無不慨歎。驚魂稍定，大家冷靜地思考，認爲這件事做得太孟浪，一旦沙吒利返回行轅，知道柳氏被帶走，必然震怒，後果就不堪設想了。許俊也知惹了大禍，只得據實向侯希逸報告，乞求解圍。希逸聽了，不但沒有責備，反而稱讚他是一條漢子，願承擔這份責任，卽刻命韓翃起稿表奏朝廷，指責沙胡作非爲。這份歷述他自己痛苦遭遇的表章，自然是文情並茂。代宗看了，歎賞良久，欣然允詔。諭示沙吒利賜柳氏三千絹匹，作爲精神上的補償。讓柳氏仍回到韓翃身邊，百年偕老。

如果不是韓翃的貧不失志，力學不怠。不會受到柳氏的垂青；不是「章台柳」的膾炙人口，不會有許俊的挺身而出；不是韓文情並茂的奏表，無法感動代宗，珠還合浦。這些際遇，也惟有具備十分才華的人，始克享此。足見文采可以引人入勝，有宣揚之效了！

前面談到，他的任官，乃是由於其七絕「寒食」詩中警句：「春城無處不飛花」深受德宗喜愛而得。原來，翃自辭去淄清幕府從事閒居在家，忽忽十年，其間，當李勉鎮夷門時，也請他擔任過幕僚，但多是依人作嫁，年事漸高，很不得意，總是閒居在家，和依蕙相廝守的時日較多。一天夜半，忽聞叩門聲甚急，使得冷落已久的門戶，頓時有了生氣。門啓處，有位使者相賀道：員外除駕部侍郎知制誥。翃愕然相顧，回說，客誤矣！使者復問，春城無處不飛花，得非員外的大作麼？這才使韓翃欣然接待，彼此莫不笑逐顏開，歡喜無限，慶幸韓翃之老運亨通也！

原來當時制誥缺人，中書省保舉兩員候用，被德宗駁回，御批由韓翃充之。當時有兩韓翃，另一為江淮刺史，宰相不悉聖意屬那位韓翃，再上書乞求澄清。御批：「春城無處不飛花云云，與此韓翃。」到此才算塵埃落定，故知對這一突如其來的喜訊，驚訝者，並非韓翃一人而已！

此事在拙作「唐詩故事七絕輯」第一四篇，有詳盡介紹，請參閱不贅。

七　溫庭筠、菩薩蠻

小山重疊金明滅，鬢雲欲度香腮雪，懶起畫娥眉，弄妝梳洗遲。照花前後鏡，花面交相映。新貼繡羅襦，雙雙金鷓鴣。

溫庭筠本名歧，字飛卿，山西太原人。是大唐開國功臣溫彥博的六世孫，生在德宗貞元十八年，自幼十分聰明，天才揚溢。不幸他早年喪父，母親又改嫁給楊徵，因此幼年生活十分坎坷，這才養成了他孤傲不羣乖僻的個性，改名爲歧，也正當是感到煩惱的少年時光，可是後人還是稱他溫庭筠或飛卿，很少稱呼溫歧的。

他幼年缺乏良好教育，更沒有什麼家庭溫暖可言。常常跟著裴誠，令狐縞等一班公子哥兒胡攪，吃酒打牌，不務正業，生活放蕩得毫無檢束，給予世人十分惡劣的印象。可是他天資聰穎，文思也敏捷。我們知道，在唐時是用「詩」來開科取士的，他做詩不但好而且又快，既不起草，只要束束袖子，叉叉手，詩篇就完成了！有時，他來回叉上八次手，便能寫成八韻，所以時人稱譽他做「溫八叉」。惟其如此，當考試時，常常會替鄰座做槍手，代爲寫作。受惠的人固然千恩萬感，卻使大多數與考的士子，喪失了公平競爭的機會，十分不服氣。攻擊和誹謗因此而生，被人指爲「有才無行」。這種玩世不恭的自取其咎，事實俱在，又怎能抱怨別人的多事呢？由此影響到他的功名，屢次考進士，卻沒有人願意錄取他。

庭筠幼時從劉禹錫學字，後來又拜崔能、李德裕等名家爲師，學習詩文，崔能的姊姊，也正是書法家柳公權的母親，十分欣賞他的才華，特別囑咐崔能舉薦，使庭筠成舉人，再又薦任禮部員外郎的官職，校正名經。其時，適逢「甘露之變」庭筠因乃父曾受宦官迫害而致死，深恨宦官，故此也參加了這次紛爭，亂平後，却受到老師李德裕的指責，認爲不應牽入這場是非中，貶爲隋城縣尉。平心而論，他的爲父親報仇洩憤，起而攻訐宦官，本無可厚非，罪不至貶官。祇是李德裕既是身爲宰相，執掌朝綱，情形便不同了，態度一定要保持明朗。庭筠既是他的學生，自然就得要委屈一點兒了。照理說，庭筠就應當深自韜晦，自勵自勉。然而，他反而變本加厲的作踐自己，頹廢放蕩，言行不檢。有一次，在江東揚子院地方，犯了宵禁，不服邏卒的查問，竟致相互扭打成一團，結果，臉也被抓傷，牙齒也打落，狼狽而回。有時更是喝得酩酊大醉，藉生事端。使好多人對他不諒解，加以疏遠。惟一照顧他的祇有令狐綯，就是令狐滈的父親，給他優厚的待遇，安排他在自己的書館中工作。可是他秉性乖張，不容於人，常常會在有意無意中傷害別人。

甚至連令狐　當時已貴爲宰相，又是他的大恩人，也沒有放在眼裡。肆無忌憚，引起令狐　的切齒，不再理會他，從此他便陷入又一次的艱苦中，一直到死。

據說，宣宗特別喜歡「菩薩蠻」詞，此詞又是庭筠的拿手傑作，因此，令狐特地要他代作，也就是前面的一闋，假說是自己的作品，送呈給宣宗時，特別告誡他不可洩漏此項秘密。不料庭筠酒後失言，仍舊洩露了出來，使令狐十分難堪，種下禍根，可見這首詞是如何受人激賞了。

另一次使令狐綯感到下不了臺的，是他不知道「玉條脫」三字出於何經、何典。便向飛卿查詢，他卻盛氣凌人的回答道：這是出於莊子所著的南華經中。像這類的書籍，並不冷僻，相公應多加瀏覽才是。居然把宰相也教訓起來了。可見他是如何地狂傲和自命不凡。

甚至，他還將此事大加宣揚，逢人便說。更形諸筆墨，吟詩用：「中書省內坐將軍」句，來諷刺令狐綯的不學無術。原來唐代的「中書省」相當於今天的「行政院」，宰相掌理朝政，總得用文人，將軍是武官，說成了文官用武將，自然是未盡合適了！

用這些十分露骨的言詞，來諷刺一位深愛自己提拔自己的父執，我想，縱然是氣量再大，也會受不了的！何況，令狐綯是當朝宰相，更不能容許他如此亂來，這才將他漸漸地疏遠，也正是免得自尋煩惱。

他這種「咎由自取」給帶來的後果，是終身坎坷，可見個人修養工夫的重要了！然而，從另外一個角度來說，實在是缺乏了良好的家庭教育，才會如此的倨傲、暴戾。當我們聽說，若干良好家庭環境裡，出現太保、太妹型的不良少年男女時，眞要爲他們嘆息，有「生在福中不知福」的感慨了！

溫庭筠雖然一生失意，然而他那艷麗的詞句，正如燦爛的珠玉，瑰麗光華。嚴格地說起來，惟有庭筠的詞，才算跳出了「詩」的藩籬，放出異彩，確立了「詞」的規模。成爲唐朝的「一代詞宗」。

八

王衍、甘州曲

畫羅裙、能結束，稱腰身。柳眉桃臉不勝春。薄媚足精神。可惜許淪落在風塵。

吳任臣的十國春秋談到：「蜀主衍，奉其太后太妃禱青城山，宮人皆衣雲霞之衣，後自製甘州曲，令宮人歌之，本謂神仙而在凡間耳，後降中原，宫伎淪落人間，始驗其語。」

王衍是五代時，前蜀的後主，稱順正公，字化源，河南舞陽縣人，承其父前蜀高祖王建的基業，建都四川成都。衍方面大耳，垂手過膝，顧目見耳，有才情，知學問，終嫌浮濫。幼懦弱，無主張，縱情聲色，繼位後，不親政事，聽由弄臣王宗弼作奸犯科，納賄行私。衍雖貴爲人主，好微行，酒市娼舘，多見其踪跡。奢縻無度，又日事淫宴，游山川，狎羣小，斥逐元老，黷貨無厭，母后又干預朝政，賣官鬻爵，刑賞大亂。在位七年，卒爲後唐所滅，被殺於秦州驛，家族全部遇害，無一倖免。

九

韋莊、荷葉杯

絕代佳人難得，傾國。花下見無期，一雙愁黛遠山眉，不忍更思維。閑掩翠屏金鳳，殘夢。羅幕畫堂空，碧天無路信難通，惆悵舊房櫳。

廣明元年冬，黃巢逼長安，唐僖宗倉皇逃成都，中和三年，王建等率衆奔行在，護衞乘輿，號隨駕五都。唐天復三年稱帝，便是歷史上的「前蜀」高祖神武皇帝。僖宗爲了憂懼王建勢力的日漸茁壯，特派韋莊爲專使，到成都宣慰，希望能有效遏阻王的稱帝野心。不圖韋莊反而被王建籠絡，留在蜀中，王建稱帝，任命韋莊爲「吏部尚書」，這位天才揚溢的文士，不久便和一位能歌善舞，精通詩文翰墨的蜀中才女「緣姬」彼此相愛，有情人終於成了眷屬。

一天，王建在韋莊府中見到這位佳人，大爲欣賞，藉着邀她去宮中教唱歌舞，留在深宮，據爲自己的嬪妃。韋莊知道其中利害，懾於帝王淫威，祇是敢怒而不敢言。何況，說了徒然招來殺身之禍，於事是無補的，只好忍耐。然而，這份思念之情，又無從發洩，只好形諸筆墨塡了這首

「荷葉杯」寄懷。

「荷葉杯」詞寫好後，他本想要人送給緣姬，繼而一想，這豈不是在開罪王建，自尋煩惱，於是他將此詞留中不發，更寫成一首「謁金門」，用來發洩內心的積鬱，做一番「自我慰藉」的工夫。詞是：

韋莊、謁金門

空相憶，無計得傳消息，天上姮娥人不識，寄書何處覓？新睡覺來無力，不忍看伊書跡，滿庭落花春寂寂，斷腸芳草碧。

如此落落寡歡，挨過了三年，韋莊已從吏部尚書遷升為相國，一天，王建在宮中邀宴羣臣，韋莊在宴席上，不期然地與緣姬相見，礙着當時她是宮眷，不便交談，驚鴻一瞥，使韋莊的舊恨新愁，萬般相思，都一齊勾引了出來。宴席散後，回到相府，他又寫了「小重山」來遣懷。

韋莊、小重山

一閉昭陽春又春。夜寒宮漏永，夢君恩。臥思陳事暗銷魂。羅衣濕，新搵舊啼痕。歌吹隔重閽，遶亭芳草綠，倚長門。萬般惆悵向誰論，凝情立，宮殿欲黃昏。

韋莊，字端己，杜陵人，唐昭宗乾寧元年進士，入蜀，爲王建掌書記，後來，王建稱帝，國號蜀，任莊爲平章事，一直老死在成都。

端己爲秀才時，到長安參加進士攷試，正値黃巢作亂，沿途所見，哀鴻遍野，饑饉交迫，人民失所，無家可歸。目睹此社會之動盪，人民顚沛流離，因有感而寫成長詩「秦婦吟」，備述當時的人民遭遇，凡一千六百六十六字，足與古詩「孔雀東南飛」相媲美，膾炙人口，時人稱爲：「秦婦吟秀才」。

莊詞秀雅清淡，尤擅抒情，與溫庭筠同爲「花間派」巨擘，王國維評論說：「畫屏金鷓鴣」，飛卿語也。其詞品似之，絃上黃鶯語，端已語也，其詞品亦似之。」世人多以溫、韋二人並稱，號「溫韋」。

韋莊既生長在中原，入蜀爲官，雖居位顯要，離鄉日久，不免有「思鄉之懷」，從下詞中，可以清楚地看出來。

韋莊、菩薩蠻

人人盡說江南好，遊人只合江南老。春水碧於天，畫船聽雨眠。鑪邊人似雪，皓腕凝霜雪。
未老莫還鄉，還鄉須斷魂。

紅樓別夜堪惆悵，香燈半卷流蘇帳。殘月出門時，美人和淚辭。

琵琶金翠羽，婉上黃鶯語。勸我早歸家，綠窗人似花。

談到思鄉情懷，乃是一個人的思想和愁悵之所繫，文人似乎特別敏感。而這類的詩文詞章，也不絕如縷，常多傳作。實在由於親身體驗和遭遇的直接感受，易於發揮，也易於爲他人所接受的緣故。李後主、宋徽宗詞受人激賞，未嘗不是基於此一因素而形成。

一〇　李璟、山花子

菡萏香銷翠葉殘，西風愁起綠波間。還與韶光共憔悴，不堪看！
細雨夢回鷄塞遠，小樓吹徹玉笙寒。多少淚珠何限恨，倚闌干。

李璟，字伯玉，是五代時南唐中主，或者稱爲嗣主，廟號元宗。按當時的文風，西蜀最盛，南唐次之，趙崇祚曾編有「花間集」，將大部份蜀人詞納入集中，流傳至今。顧梧房雖也編過「尊前集」，選了不少南唐人作品。然而「尊前集」的搜羅，雖不及「花間集」宏富，似更謹嚴。談到作品的深度和價值，南唐要比西蜀高明得多，尤其是中主李璟、後主李煜和馮延巳等人的作品，更能受到後世的重視。

詞中：「細雨夢回鷄塞遠，小樓吹徹玉笙寒。」最爲膾炙人口。「南唐書」中談到，元宗深愛馮延巳「謁金門」，其中警句是：「風乍起，吹皺一池春水。」元宗戲問延巳道：「吹皺一池春水，干卿底事？」，延巳對曰，未若陛下「小樓吹徹玉笙寒」，特高妙也，元宗大悅。可見李璟也認此爲得意句也。宋王安石極爲讚賞，每欲摹倣，均未如願。

人間詞話卻說，此詞起頭兩句，大有衆芳蕪穢美人遲暮之感，乃古今獨賞「細雨夢廻」句，故知解人正不易得。

李璟詞，流傳到今天，僅剩三首，悽惋哀怨，風格自高。本詞也有人稱做「浣溪沙」的，計有二闋，另闋爲：

手卷眞珠上玉鈎，依前春恨鎖重樓。風裏落花誰是主？思悠悠。
青鳥不傳雲外信，丁香空結，雨中愁・回首綠波三峽暮接天流。

南唐書中說：「王感化善謳歌，歌韻悠揚，清振林木，元宗嗣位，嘗乘醉命感化奏水調詞，感化唯歌「南朝天子愛風流」一句，如是者數四，元宗輒悟。覆杯嘆曰，使孫陳二主得此一句，不當有銜璧之辱也。感化由是有寵，元宗嘗作「浣溪沙」二闋，手寫賜感化。後主卽位，感化以其詞札上之，後主賞賜甚優。」

按王感化乃宮中樂部，中主元宗所寫賜之詞，卽本闋山花子是也，「山花子」一題爲「攤破浣溪沙」，而與吾人習知之「浣溪沙」不同。

「詞譜」七：「唐教坊曲名，一名南唐浣溪沙，梅苑名添字浣溪沙，樂府雅詞，名攤破浣溪沙，高樂史樂志名感恩多令。此調卽浣溪沙之別體，不過多三字兩結句，移其韻於結句耳！所以有「添字」「攤破」之名，然在花閒集和凝時，已名山花子，故另編一體。」其實「山花子」殆即浣溪沙之異名。如按「詞譜」四：「浣溪沙下又曰，賀鑄名減字浣溪沙，足徵宋人且有以此爲浣溪沙之正格者。」

由於王感化曾以詞札上後主，因此有人誤會此詞是後主所作，其實不然，南唐書中已明白記載，無庸再考證，倒是後主未能體會感化之用心，此語未能「感化」後主，乃致國破家亡，感化地下有知，亦當感慨不盡也。

一一　馮延己、謁金門

風乍起，吹皺一池春水。閑引鴛鴦方徑裡，手按紅杏蘂。鬥鴨欄干獨倚，碧玉搔頭斜墜。終日望君君不至，舉頭聞鵲喜。

馮延己字正中，廣陵人。父令頵，事南唐烈祖，爲歙州鹽鐵判官，刺史滑言病篤或說已死，裨將樊思蘊，便藉機反叛，縱兵放火搶掠。可是當大火快要燒到令頵府第的時候，叛卒都放棄燒掠，齊來救火，却把救馮令頵比反叛更看得要緊，可見令頵的「深得人心」。後來，延己奉父命到滑言刺史府中問疾，帶了刺史命令，告誡諸將，內外才算安寧，當時他才不過十四歲。

等到中主爲帝，用吳王爲元帥，吳王任延己爲書記，不免持寵而驕，保大初，拜諫議大夫，翰林學士，遷戶部侍郎，又進中書侍郎。和他的弟弟馮延魯，交結魏岑、陳覺、查文徽，侵損時政，朋比爲奸，被時人譏爲「五鬼」。與他父親馮令頵的「深得人心」「有口皆碑」，却成了極端的對比。

延己工於詩詞，雖榮顯富貴，乃至老邁，均不廢日課攻讀，其好學如此。中主嘗在內殿設宴大臣，當然包括延己在內，席間，從容和延己開玩笑說：「吹皺一池春水，干卿底事？」延己立刻回稟奏道：「和陛下的御製句小樓吹徹玉笙寒比較起來，韻味差得遠了。」君臣相謔，也正是「互相標榜」，可見馮詞「謁金門」以及南唐中主李璟詞「山花子」兩詞的受時重也如此。

延己自從擔任宰相後，動輒徇私情，妄法妄爲。故人親戚，都對他採取不理不睬的態度，盡量疏遠，表示無言的抗議。漸漸地使他有所省悟，晚年，頗想「痛改前非」「力謀向善」，然而似乎爲時已晚，以他的文學造詣，以及官閥而言，本來他可以享重名，垂傳後世。也許由於他的私德敗壞，後世對他的評論，貶多於譽。可見人的「術」「德」兼修，是相提並論的。豈可逞一時之快，遺臭萬年？

就詞論詞，延己的詞，清艷絕倫，深美閎約，堂廡特大，實有開啓北宋一代風氣宏規之功。他的「阮郎歸」，尤爲人所激賞。

馮延己、阮郎歸

南園春半踏青時，風和聞馬嘶。青梅如豆柳如絲，日長蝴蝶飛。

花露重，草烟低，人家簾幕垂。鞦韆慵困解羅衣，畫梁雙燕棲。

一二　李煜、虞美人

春花秋月何時了，往事知多小？小樓昨夜又東風，故國不堪回首月明中。
雕闌玉砌應猶在，只是朱顏改，問君能有幾多愁？恰似一江春水向東流。

人間詞話說，詞至南唐李後主，眼界為之一寬。感慨既深，遂變伶工的詞，而為士大夫詞。後主由於惡劣環境的刺激，和天才的憑藉，寫作態度的眞實，以及生活上的劇烈變化，使他終於能衝破花間派的壁壘，寫實生活和詞相結合，開拓了一條新的詞派，這在我國文學史上，可算是獨樹一幟，唯我獨尊的。難怪後人尊稱他為「詞中帝王」了！

李後主，是五代時南唐的國君，具備多方面的才藝：能文、能詩、能畫、能歌、能詞，尤其擅長塡詞，他的生活是十分藝術化的，又是一國之君，精神和物質上的享受，自然是予取予求，能夠獲致高度滿足的！可是，當時雄據中原的宋太祖，正虎視耽耽地垂涎這一片江南樂土，後主在但求苟全的情形下，一直向宋室俯首稱臣納貢，以爲如此便能妥協。豈知「臥榻之下，豈容他人酣睡。」宋太祖要他北上，他不敢去，二次催迫，他假意稱病，惹得太祖火起，派遣曹彬、潘美水陸並進，從浮梁渡江，一直攻到石頭城下，可憐這位風流皇帝，只好帶着百官眷屬，肉袒降於軍門。於是曹彬帶着後主家小北上，到達宋京河南開封，太祖封他「違命侯」，實際上便是宋朝的一個虜臣而已！

在他北上的第一個冬天，宋太祖死了，太宗即位，改封爲隴西郡公，解除了「違命侯」的稱號，實則上生活很苦，言語行動，絕無絲毫自由，而且宋朝君臣們，又不時給予精神上的虐待，充分領略到亡國賤俘的滋味，也使他漸次體會到人性的兇殘，世情的冷暖和社會的險惡。對於這些，除了逆來順受而外，祇能從美麗的回憶中，找尋快樂的影子吧了！美夢醒來，除了慨歎外，又將如何？因此，他寫成了這闋「虞美人」詞來遣懷。

也許，這便是後主詞中最悲憤的一首了！春光艷麗，秋月明朗，本來是十分雅緻的，可是他緬懷往事，反而覺得這一段春花、秋月的時光太久長了！使人覺得厭煩！昨夜小樓上「又」吹起東風，說出一別經年，又苦挨了一年，「故國」不堪回想的一些往事，尤其是在這月白風清的靜夜，那能不使人觸動愁思？

在詞藻的運用上，搖曳出「應猶」二個疑詞，來追懷故國的玉砌雕闌，莊嚴華麗的宮庭，是否還存在呢？然而；河山已經改變，朱顏也由之變色。滿紙悲憤，險欲呼天，眞有不勝蒼茫的感慨！

沈雄的古今詞話引中說，後主疏於治國，在詞中猶不失爲南面王，工於白描，而文外曲致，亹亹之彌遠。張先、宋祁輩，簡直無法和他相比擬。從上面的「虞美人」詞中，使我們體會到，沈的評論，確是由衷之言。

樂府紀聞說：後主降宋後，給過去的宮人通訊時，談到在開封的時日，每天祇有用淚洗面，想到過去的種種，提筆作詞時，不免感慨萬千。像「虞美人」和「浪淘沙」等篇，舊臣聽了，有掉眼淚的。

由於「一江春水向東流」、「小樓昨夜又東風」兩句中「東」字，隱約指成「江東」之東，頗有感懷故土，力謀復國的意味，惹起宋太祖的顧慮，疑惑他暗中圖謀復國，準備異動，已經存有芥蒂。正好這年的七月初七日，後主生日的這天，在他週圍的人，特地開了一個紀念會，作樂一番，聲震雲霄，太宗覺得他太放肆了，命楚王元佑，藉着奉旨爲後主祝壽時，酒中暗下牽機毒藥，後主飲酒以後，卽時毒發，死狀甚慘。凶信傳至江南一帶，父老多有巷哭、遙祭的！死時後主才四十二歲。

後主雖然死得很早，但他用血淚交織而成的詞章，却永垂千古，他在政治上雖然失敗，在文學上却留下不朽的盛譽。可算是「失之東隅，收之桑榆。」了！

嚴格地說起來，後主的死雖是身不由已，但却因這首最悲憤的「虞美人」詞，惹下的禍根，成了「千古遺恨」。因此，這首詞也就更具有歷史意義了。

按楚漢相爭時，楚霸王項羽有美人名「虞」，常幸從之。及霸王被困垓下，作歌，末句是：「虞兮虞兮奈若何」！後人用吳音製曲，名「虞美人操」，卽「虞美人」詞也。此詞或名爲「感舊」。

一三

花蕊夫人、采桑子

初離蜀道心將碎，離恨綿綿，春日如年，馬上時時聞杜鵑。
三千宮女如花面，妾最嬋娟，此去朝天，只恐君王寵愛偏。

「能改齋漫錄」說，徐匡璋納女於孟昶，拜貴妃，別號花蕊夫人，意是花不足以比擬她的嬌艷也。因爲她聰慧無比，又號「慧妃」。陳无已說她姓費，實在是錯誤了！

夫人姓徐，蜀之青城人。因才藝入蜀宮，深得後主嬖幸。她曾效王建作宮詞百首。可見其造詣。等到宋太祖揮師入成都，滅蜀後，太祖久聞花蕊夫人之名，特別詔令專使護送她回京師。這首采桑子，便是夫人歸宋，途次葭萌驛站所製。按「太平清話」的說法：「花蕊夫人製采桑子，題於葭萌驛壁，纔半闋，爲軍騎促行。後半闋乃係他人代爲續成者。」所謂後半闋，便是：「三千宮女如花面，妾最嬋娟。此去朝天，只恐君王寵愛偏。」我們從此詞的字面上推敲，似乎前後語句氣氛，也有不盡協調之處。自然，太平清話所指，是值得信賴的。何況：「后山詩話」也曾談到，花蕊夫人至宋，太祖要她自誦詩詞，夫人誦其國亡詩道：

君王城上豎降旗，　妾在深宮那得知。
十四萬人齊解甲，　更無一個是男兒。

深受太祖的賞識。因爲西蜀有軍十四萬人，而宋師才不過數萬，本可以逸待勞，憑險固守。況蜀地山川險要，道途崎嶇，有「一夫當關，萬夫莫與。」之勢，居然不費兵卒，一舉滅蜀，此太祖所以躊躇滿志，欣賞花蕊夫人的見識，不減男人也。

平心而論，姑不談花蕊夫人是否有男子氣慨，當她成爲亡國賤俘，護途入宋京時，後主孟昶亦在俘虜之列，縱然花蕊夫人敗節，亦不可能如此明目張膽，何況她所自誦的國亡詩，分明是對後主的「愛之深，責之切」也。至於後來花蕊夫人的奉祀「張仙」，更是餘情蕩漾有不盡之思，因此，後人拿此詞來批評花蕊夫人，認爲她的「恬不知恥」，未免概括而武斷，實不足取。

我國一向以男性爲社會組織之中心，「重男輕女」的鐵證是：祇有烈女祠，却無貞童廟。責以一位君王寵妾的敗節，不肯稍假，已屬不當。又不肯虛心考證，故入人於罪，其心亦可誅也。

「鐵圍山叢談」記載一則大意是：「花蕊夫人入宋十天，被召入太祖後宮，後主遂死。太祖的兄弟昌陵，亦惑於花蕊的美艷，太宗在晉邸獵苑時，花蕊夫人在側。晉邸遂於獵獸之際，回射花蕊夫人，一箭而死。」自古紅顏多薄命，悲夫！

一四

薛九、嵇康曲舞詞

薛九三十侍中郎。蘭香花娟生春堂。龍蟠王氣變秋霧，淮聲哭月浮秋霜。宜城酒煙濕羈腹。與君試舞當時曲。玉樹遺詞悔重聽，黃塵染鬢無前緣。

客座贅語談到，薛九是江南富家子，其名不傳，善歌嵇康曲，曲爲南唐後主李煜所製。後江南鼎革，流落江北，嘗一歌之，座中人聞薛九歌，皆爲掩泣。後易名爲「嵇康曲舞詞。」此正是「亡國之痛」，令人憂傷耳！

一五

佚名、送春詞

江南草長蝴蝶飛，飛去又飛回。東風吹落桃花片，片片隨流水。桃花色紅流水綠，牽惹行人目，蝴蝶蝴蝶莫亂飛，與你送春歸。

唐五代以來，歌詠江南好之詞章輩出，不絕如縷。南唐且以江南爲國，文風正盛，當然不肯放過欣賞吟詠的機會，此闋「送春詞」，也正是此系列詞中的一首，不過題名不同吧了！論其句法，格局，實爲北、南宋詞之祖，詞統源流以爲詞之長短錯落，發源於三百篇。此詞極長短錯落之致，韻味極高，爰爲介紹。惜以編者才淺，不識此詞由來所自，倘蒙　大雅指教，深所盼焉。

乙編：北宋

一　趙佶、燕山行

裁剪冰綃，輕疊數重，淺淡胭脂勻注。新樣靚妝，艷溢香融，羞煞蕊珠宮女。易得凋零，更多少無情風雨；愁苦！問院落淒涼，幾番春暮？

憑寄離恨重重，這雙燕何曾會人言語，天遙地遠，萬水千山，知他故宮何處！怎不思量，除夢裏有時曾去；無據！和夢也，新來不做！

趙佶，乃是宋神宗趙頊之子，繼其兄哲宗趙煦之後登基，史稱徽宗，仁孝輕佻，性機巧，多才藝，凡吹、彈、書、畫、聲、歌、賦、詞，以及犬馬服飾之事，無不擅精。即位後，引用蔡京蔡卞朱勔等佞臣，日從事於苑囿宮觀奢靡之樂，又用宦官童貫領軍，封為廣陽郡王，狎昵奸諛，加之崇信道教，異端競進，體制蕩然不存。君昏臣奸，相為誕謾。崇寧元年，立黨人碑，將司馬光、文彥博、呂公著、呂大防等百廿人，目為奸黨，使縉紳賢良，均陷黨籍，逐生辱死，以致國政日墮，寇盜頻起，又適金人起北地，大事釁邊，連陷朔代及燕山各州縣，不得已，才傳位給其子桓，是爲欽宗。明年，金人陷汴京，徽欽二帝及宮中皇后嬪妃等三千餘人，均爲階下囚，被金人擄去，北宋於此滅亡。

據宋史的記載，徽宗的著作甚豐，約有百卷之多，自南宋亡後，已是散佚無存，除了瘦金體書法，爲他所創寫，深受後人重視外，現僅存詞十八首，其中「月上海棠」詞，僅一殘句，實際上祇有十七首，此中，除燕山亭本篇爲在北行途中，見杏花而作，另闋眼兒媚亦在北地爲虜時所作而外，餘如聆龍謠、金蓮繞鳳樓、小重山、滿庭芳、聲聲慢及雪明鳷鵲夜等，爲賀節之作，導引三首爲册封辭廟之作，聲聲慢、玲瓏四犯，瑤臺第一層及探春令等，爲詠時之作，臨江仙爲幸亳州旅次之作外，都是他身爲帝王時所吟詠，雖有不少豔美旖旎之詞，但缺乏深度，格調不高。遠不如他在被虜北上途中的僅存二首作品，尤其是「燕山行」，首六句，極寫杏花的豔麗無比，語氣忽然急轉，「易得凋零，更多少無情風雨。」情緒蒼涼悲哽，呈現出暮春景象。忽然一雙燕子飛過，更觸動愁思。回想故都風物，個人身世，燕子無知，又怎識得個中苦況。眞不勝今昔之慨。然而話得說回來，縱然是燕兒有知，天遙地遠，萬水千山，它又怎能爲我尋出故宮所在呢？使在絕望之餘，祇有藉夢中，魂遊故國河山而已！但連此夢中暫時的安慰，也成爲奢望。新來陌生地方，連夢也做不成啊！

眞是一字一淚，和血而出。如聞其聲，如見其人。無矯飾造作之詞，寄長恨於深摯。鄉思迫切，天涯落魄淒厲，筆鋒細膩，曲迴沉着。乃是將一場極大悲劇，濃縮於此寥寥九十九字之中，實爲曠古未聞的哀歌！

趙佶與其子桓，也便是徽欽二帝，被虜押送至五國城，即今合江省依蘭縣附近。輾轉流離於東北荒野之地，歷盡人間最慘酷的遭遇和屈辱，如此數十寒暑，終於身死漠北戍途，其受苦之深遠，歷境之慘，爲古今亡國帝王所僅見。尤深慨歎！

二 陶穀、風光好

好因緣，惡因緣，祇得郵亭一夜眠，別神仙。
琵琶撥盡相思調，知音少，再把鸞膠續斷絃，是何年？

南唐近事談到，陶穀，字秀實，邠州新平人。仕周爲兵部侍郎，因南唐國勢薄弱，早已於戊午年改稱爲國主，去年號，奉周正朔，出使至南唐時，自恃爲上國天使，進入南唐國境後，一副凜然不可冒犯的氣慨，實在令人受不了；其實，他並不是個正派人物，後來，他降宋做戶部尚書時，宋太祖曾說他是一雙鬼眼，色迷迷的不正派。因此韓熙載奉李璟命接待這位口是心非的假道學先生，特地耍了一套手法，命妓女秦弱蘭，化粧成驛館侍役的女兒，每天穿著破舊衣服，持掃帚負責打掃陶穀的臨時行館，自然，秦弱蘭的賣弄風騷，別有一種韻姿，使陶不期而然上了鈎，經過一夜纏綿，明天，陶特地製成「風光好」一闋賜弱蘭。隔了一天，嗣主設宴款待陶穀，而他依然是辭嚴色厲，沒有好嘴臉。李璟乃命弱蘭歌風光好，爲陶勸酒。至此才知上了大當，十分沮喪，氣焰全失，即日束裝北歸。由此可見，宋太祖的指責他的鬼眼不正派，倒是不錯的。

平心而論，以一位降臣，本身已有可議之處，居然指頤使氣，自命不凡，受別人指責，乃是極其自然的事。就不必問他正派不正派了！

「雲巢編」中指出，此乃陶穀出使到吳越時的故事，倡女叫任社娘，和前說稍有出入，接着又談到，社娘受此播弄，深感陶穀的深情，看破紅塵，削髮爲尼，隱身入空門去了！如果用社娘的舉措，與之相較，寧不使陶穀愧煞？

三　寇準、江南春

波渺渺，柳依依，孤村芳草遠，斜日杏花飛。江南春盡離腸斷，蘋滿汀洲人未歸。

「溫公詩話」說：「寇準才思融遠，初任巴東知縣時，有詩句：

野水無人渡，　孤舟盡日橫。

深受時人激賞，他的江南春詞，更是膾炙人口。

寇準，字平仲，華州下邽人，太平興國中進士，初生時兩耳垂有玉環，數歲時方合。自疑曾為異僧，好游佛寺廟宇，遇虛窗靜院，唯喜與和尚們談佛。相傳他少時，喜愛鷹犬，而他的母親管教甚嚴，一日，又看到他携鷹牽犬，手拿起秤錘投擲，打到寇準的脚背，流血甚多，寇準受此刺激，從此折節讀書。後來寇大富貴，母已去世，每每捫到脚上疤痕，不禁黯然流淚不已；可見一個人的成功，「母教」影響之深！

他為參政知事，侍宴時，上賜異花說，寇準年少，正是戴花吃酒時也。滿朝官員莫不羨慕。

可是，他歷富貴四十年，累官至尚書右僕射，集賢殿大學士，同中書門下平章事，相當於宰相的官職，卻沒有購置田園官邸。詩人魏野獻詩，有句是：

有官居鼎鼐；　無地起樓台。

深受世人的激賞，美譽流播，中外咸知。當北使至宋，到大名時，正巧遇見寇準，十分仰慕的問道：「莫非是無地起樓台相公」？可見他的聲譽。

四

陳亞、生查子

相思意已深，白紙書難足，字字苦參商，**故要檀郎讀。**
分明記得約當歸，遠至櫻桃熟。何事菊花時，猶未回鄉曲。

陳亞，字亞之，維揚人，宋、咸平五年進士，嘗爲杭州於潛縣令，仕至太常少卿。其人滑稽有風趣，好爲藥名詩，多至百首。其中警句有：

風月前湖夜，　軒窗半夏涼。

迂叟詩話指出，不失詩家之體。然而，一旦長篇累牘，自不免泛濫了。此詞生查子，也是用藥名製成。吳處厚以爲，雖一時俳諧之詞，寄興亦有深意。「詞苑叢談」認爲，此等詞偶一爲之則可，但畢竟不雅。這就是所謂「出奇制勝」的「泮博一粲」，甚至也可說成「聊備一格」，不是詞的正體也。

據說，蔡襄曾出口嘲弄他道：

陳亞有心終是惡；

蔡襄無口便成衰。

把「亞」字加上「心」字，自然成了「惡」字，語意雙關，陳亞却不肯示弱，隨口應到成了「的對」，侮人不成反自取其辱。可見「戲無益」，確是不易之論。

五　晏殊、浣溪沙

一曲新詞酒一杯。去年天氣舊亭台。夕陽西下幾時迴。無可奈何落花去，似曾相識燕歸來，小園香徑獨徘徊。

北宋初年，談詞者，大都祖述南唐中主李璟、後主李煜以及馮延己三人。劉攽「中山詩話」談到，晏殊最能傳二李一馮的神韻，馮有「陽春錄」一卷，深受晏氏的酷愛，其實，晏的作品，與馮氏樂府相伯仲。「浣溪沙」一首，爲晏氏得意之作。可與馮氏相競。

晏殊，字同叔，撫州臨川人，死後謚「元獻」，因此，後世人多用晏元獻稱他而不名，正如我們尊稱岳飛爲「岳武穆」一樣。

晏元獻，却是宋代的一位傳奇性人物。

最初，北宋不用江南人做宰相，晏殊是江南人，却做到北宋宰相。

他七歲時，就能作文，十三歲時，受洪州知州李虛已的賞識，還將愛女許配給他。李、晏既成翁壻，李入朝前，便盡力爲他推薦，得到許多名流的讚賞，張知白又上表，向宋眞宗推薦。景德二年，皇帝在汴京，召見面試時，由於他的詩文並茂，對答有序，即賜同進士出身，那時他才十五歲。

他在京師，起先擔任秘書省正字，後來，參加中書省的考試，升爲太常寺奉禮郎。當朝廷封祀泰山時，那篇「東封聖哲頌序」，就是他的大作，可見他是如何的受到重視。二十歲時，他官拜集賢校理，已經是位鼎鼎大名的文學詞臣了。

由於當時的政治風氣，漸趨頹廢，都中的官吏，尤其是年事較輕的官員，往往利用假日，結隊外出，尋歡作樂，祇有晏元獻，終日埋頭書堆，與兄弟們共同讀書，事爲眞宗知悉，就授他爲太子舍人，知制誥。

這是一份十分榮耀，清貴的官職，也正是每位京官所殆切祈求的優差，做夢也沒有想到，會輪到他來擔任。當皇帝召見，說明原因時，晏殊却老老實實的奏稟，他並不是不喜歡遊樂，實在是沒錢的苦楚，不能算是用功。皇帝聽了，更加欣賞他坦白的作風，認爲用他來陪伴太子，是再適當不過了！也許由於他平實的作風，並沒有傷害到那些好遊樂，因而沒有獲得太子舍人官位的同僚，大家對他的步步高昇，表示著極其自然的賀頌，毫無嫉忌，尤其是難能而可貴。當時他也不過才二十八歲。

王厚之「復齋漫錄」談到：晏殊因事去杭州，便道揚州，和王淇談論詩詞，抱怨練句之苦，常常有了上句，沒法對成下句，甚至時隔經年，未嘗强對。如：「無可奈何花落去」，至今還未能對。淇應聲答道：「似曾相識燕歸來」如何？殊大喜。索與請他擔任自己的秘書。由此看來，此詞的警句實乃王淇的傑作，晏殊也是「掠人之美」。「草堂詩餘」將此詞指為中主李璟之作，分明是「張冠李戴」。

他提拔過不少的人，像范仲淹、韓琦、富弼、歐陽修，都蒙受過他的獎掖、提携。這些都是千秋萬世流傳的名人，竟然都是他的大力所塑造，可見他對後世影響的深遠了！

他不喜歡空言、虛僞，因此當歐陽修批評他的宴客賞月，諷刺這項作樂與邊關屯兵，恰成强烈對比時，認為在唱高調，深爲不滿。等到歐自知悔改時，馬上原諒了他。柳永想做官，求爲薦舉時，他明白拒絕，說柳的詩詞，專詠兒女私情，於世無補。這種平實無華，就事論事的作風，又豈是一般世人，所能望其項背的。

六　司馬光、阮郎歸

漁舟容易入深山，仙家日日閑。綺窗紗幌映朱顏，相逢醉夢間。松露冷，海霞殷。忽忽整棹還。落花寂寂水潺潺，重尋此路難。

「古今詞話」指出，本篇實在就是描寫阮郎歸的本意。

司馬光，字君實，陝州夏縣人，在今之山西省境內。住涑水鄉，所以他的著述，書名為「涑水紀聞」，用來懷念故鄉。

他生於宋眞宗天禧三年十月十八日，當時他父親正任光山縣令，所以給他取名「光」字，現在河南光山縣衙，還有一口井，稱做「司馬井」便是因為司馬光誕生時，曾用這座井中的水洗澡的緣故。自然也就成了當地的一項古蹟了！

他自幼聰穎，幼年時，打破水缸救同學，和剝胡桃殼的故事，不但膾炙人口，同時也顯露出他的聰明才智，的確是高人一等。

據說，他喜歡「夜讀」。往往在家人都入睡以後，才在牀上翻開書本課讀。爲了不使睡眠妨礙讀書時間，特別設計用硬木頭做了一個圓筒式的枕頭，縱然自己熟睡時，也容易驚醒，如此，就不致於睡得太久了！

他的德性淳厚，處事也很平實，我們可從「以儉示康」的文中，忖度得出來，當神宗要拜他爲翰林學士時，堅持不肯接受。神宗很奇怪的問道：「你既有才能，又能信筆寫文章，自來很少能有人具此素養，你緣何拒不接受呢？」他卻答說，臣不會做四六文章。引得神宗哈哈大笑說，四六文章又豈是翰林學士必定要做的！這才欣然地受詔。像這樣的平實作風，是很少見的。

由於他曾經是宋朝的宰相，又曾利用一段不算太短的時間，撰述「資治通鑑」，被人目爲大政治家、思想家和文學家。聲名遠播。詞以人傳，因此使他在詞壇上，也能佔有一席地。然而，塡詞終究是專門技巧，這一位四六文章不熟悉的人來說，也許更是礙手，此處選錄阮郎歸一首，乃是他較爲突出的作品。

七　范仲淹、漁家傲

塞下秋來風景異，衡陽雁去無留意。四面邊聲連角起，千嶂裏，長烟落日孤城閉。

濁酒一杯家萬里，燕然未勒歸無計。羌管悠悠霜滿地，人不寐，將軍白髮征夫淚。

宋初，詞多係小令，直到張先、范仲淹等出，才漸漸趨向中調，本詞便是中調。子野雖曾試作慢詞，不過偶爾爲之，並不多見。柳永才是慢詞的倡導者。所以，「能改齋漫錄」說：「詞自南唐以來，但有小令，慢詞當起於宋仁宗朝，中原息兵，汴京繁庶，歌臺舞席，競賭新聲，耆卿失意無俚，流連坊曲，編入詞中，以便使人傳習，一時動聽，散播四方。」

東軒筆錄談到，范希文守邊日，作「漁家傲」數首，皆以「塞下秋來風景異」起句，述邊鎮之苦。歐陽修常稱此爲「窮塞主之詞」。詞品說，范仲淹一時勳德重望，而詞皆極情致。

范仲淹是位苦讀成名的學者，字希文，蘇州吳縣人，幼時家中十分貧困，當他廿一歲時，到廟中讀書，薪水不繼，便每日煮一鍋稀飯，上面放置幾莖鹹菜，等稀飯冷却凝結成塊狀，將它切成四份，作爲第二天早上、中午、晚上及夜分充饑食用。如此熬過了三年歲月。使他深知貧窮的苦況。而讀書益力，後來，他那創設義田，救濟貧民的宏圖，正是在此時萌芽的。「劃粥斷齏」這個典故，也成了苦學之士，飲食儉陋的象徵了！

由於他專心攻書的毅力和孜孜不息的奮鬪精神，終於感動了當時的一位有名的學者戚同文，答應收他爲學生，在河南商丘，跟戚同文再苦讀了五年，依然是吃不起乾飯時，改吃糜粥，冬天讀書困乏時，用冷水沃面來振作精神，眞宗大宗祥符八年，終於考中進士，那時他才廿七歲。

後來，他先後得到晏殊和韓琦的引薦，從秘閣校理輾轉出任陝西經略安撫招討副使，協助夏竦征伐西夏，上疏建議仁宗，宜嚴戒邊城，持險以守，一面則把握時機，充實關中防務。連當時和仲淹意見不和的宰相呂夷甫，也贊同范仲淹的辦法，向仁宗奉請可行。於是仲淹一面在延州，勤練士卒，防備西夏的蠢動。一面安撫羌人，和他們修好，穩定了西北的防務，專心對付西夏，西夏人對范仲淹畏之如虎，尊稱他爲小范老子，由於他過去做過龍圖閣的待制，羌人也敬他稱爲龍圖老子，在當時邊境一帶，流傳着一則民謠，是這樣唱的：

軍中有一韓，西賊聽了心膽寒；
軍中有一范，西賊聽了驚破膽。

歌中，韓是指的韓琦，范便是指的范仲淹，西賊自然是西夏的賊兵了！

宋朝的官制，以同平章事爲宰相，相當於今天的行政院長，參知政事爲副相，略同於今之行政院副院長。樞密使爲軍事首腦，也和今之國防部長大致相似，樞密副使自然相當於今天的參謀總長了！西夏人明知不是韓琦和范仲淹的對手，祇好向宋室罷兵求和，韓范兩人因此也同時調回朝廷，擔任樞密副使的職務，不久，范又升爲參知政，直到後來呂夷簡和夏竦等人的專橫，使得忠直大臣紛紛被貶外調，范仲淹自然不能例外，先後貶到邠州、鄧州、杭州、青州等地，擔任地方官，六十四歲時，病逝在青州任所。當他的死訊傳出後，遠近的人，莫不同聲悼念掛孝擧哀，就連西夏及羌人也傷心落淚，都爲他設奠遙祭，並且畫像建祠以祀。可見好人是永遠不寂寞的。

尤其使人感動的，他以做過宰相之尊，歷任州官，自然是衣食充裕，然而他將這些俸祿，節省下來，購置良田，作爲義田來濟貧。他死時，家中竟沒有錢買棺柩和治喪。這種捨已爲人的盛德，如果用世俗的眼光來衡量，豈不是有點傻，也許正因爲如此，才能使他千秋俎豆流芳百世，至於他賫志以歿，未能一展長才，不但是他個人的不幸，又何嘗不是國家的極嚴重損失呢！

范仲淹個性，內剛外柔，凡事能設身處地，替別人想。當慶曆初年，淮南發生民變，州縣官吏，坐失城池的都要論斬。范仲淹則力排衆議的提出反對意見說，平時不給州縣官以兵權，盜賊起時，卻責之以死，未免太那個了！

原來宋太祖有鑒於唐及五代的禍亂，多起於藩鎮，定鼎後，在建隆二年七月，太祖召宴石守信高懷德等諸將，勸他們多積金帛，廣置田宅和歌兒舞女，以娛晚年，不必再去操勞兵事，諸將們在無可奈何中，全部交出兵權。這便是歷史上的「杯酒釋兵權」故事大概。太祖收回兵權後，變更兵制，分設禁兵、廂兵、鄉兵及藩兵等，將兵力集結由中央控制，統一調度。地方的武裝，儼然是徒具形式的虛設，自然在有警時，不能發揮守衞作用。要從中央調集軍隊來征伐，遠水如何救得了近火。這才造成盜賊橫行時，官府觀望的怪現象。范仲淹以爲，既然不肯賦予地方官以防衞力量，事後卻要他們以死謝罪，實在是不公平的，也許由於他當時擔任參知政事，說話有份量，使得許多地方官，因此而獲救，免除斬首的極刑。乃是范仲淹爭取原則的結果。

還有一次，高郵發生民變，知軍晁仲約無力抗拒，只好約集當地紳商，共出財帛作爲犒勞，安撫盜賊，讓他們遠離，地方因此沒有受到禍害，事後，富弼以樞密副使的身份，主張要判處晁知軍的極刑，殺一儆百。范仲淹不同意，對他說，民生安定，盜賊自息，仲約有罪，不至於死。同時分析道，我們不可以勸皇帝殺人，一旦手滑，你我都不免。富弼心中不服，但范是頂頭上司不能反駁。只好認了！可是後來富弼自河北還朝，竟不准入國門，不測朝廷是何用意，使富弼終夜徬徨，這才想到當時范仲淹的話，不禁感慨萬千的說：「范六丈眞聖人也！」由此可見范仲淹的氣度恢宏，見識深遠了！

他是以勳業、盛德而名世，所謂詞以人傳，談到詞的造詣，並不能算成專家。

八　林逋、長相思

吳山青，越山青。兩岸青山相送迎，誰知離別情。君淚盈。妾淚盈。羅帶同心結未成，江頭潮已平。

林逋，字君復，錢塘人。隱居杭州西湖之孤山，眞宗聞其名，召仕不至，詔長吏歲時勞問。逋高逸倨傲，多所學，工筆畫，善爲詩，居處廣植梅花，常養兩鶴，縱之則飛入雲霄盤旋翺翔，然後飛返，復入籠中，習以爲常。逋常泛舟往來西湖諸寺，偶有客至逋所，應門童子往往延客上坐稍候，開籠縱鶴，逋往往返棹逍歸。蓋常以此爲驗也。逋涉獵甚廣，惟不能著棋，常謂人曰：「逋世間事皆能之，惟不能擔糞與著棋。」

藝苑雌黃談到，張子野過和靖隱居，有一聯曰：

湖山隱後居空在；煙雨詞亡草自青。

蓋自逋之卒，湖山寂寥，未有繼者。先生死後，賜謚「和靖」，生前曾著有「春草曲」，調寄「點絳唇」，有「滿地和煙雨」句，子野用以爲聯云。
爲便利參閱計，茲將子野用以爲聯之一闋，介紹於次：

林　逋、點絳唇

金谷年年，亂生春色誰爲主。餘花落處，滿地和煙雨。
又是離歌，一闋長亭暮。王孫去，萋萋無數，南北東西路。

九 宋祁、鷓鴣天

畫轂彫鞍狹路逢，一聲腸斷繡簾中，身無彩鳳雙飛翼，心有靈犀一點通。金作屋，玉爲籠，車如流水馬游龍，劉郎已恨蓬山遠，更隔蓬山幾萬重。

宋祁、字子京，安州安陸人，後來搬家到開封雍邱，便在那兒落籍成爲雍邱人。天聖二年，和他的哥哥宋庠，一同參加殿試，同時中式。主試官奏請拔宋祁爲狀元，宋庠則爲進士第六名，可是被當時臨朝聽政的章獻皇太后所否決，她認爲：「弟弟的排名，不可在哥哥前面。」親自批定，宋庠爲狀元，宋祁改成第十名進士。這段文壇佳話，不久便傳遍京都，也因此大夥兒便稱庠爲「大宋」，祁爲「小宋」。雖然「小宋」沒有中狀元，他的聲名反而大噪，成了新聞人物。

有一天，宋祁乘車子，經過京城內的繁台街，正好迎面遇上宮廷內眷的車子經過，有位如花似玉的美貌宮女，搴簾指着對面而來的宋祁，向同車的衆姊妹介紹說，他就是「小宋」。驚鴻一瞥，不但使宋祁受寵若驚，同時更深深地在心中烙上了美人兒的倩影。回到府中即刻提起筆來，塡成「鷓鴣天」詞用以自我解嘲。這首詞，既有內涵，音韻鏗鏘，很容易朗朗上口，不久便在京都裡流行了開來，傳入宮禁，連宮中人也都會吟唱。仁宗知曉歌詞內容，便查問宮中，當天何人在車中掀簾指喚「小宋」，有宮人向仁宗自陳，由於前此聖上賜宴翰林學士，奉命在席前斟酒，左右內臣指著宋祁告訴我說，他就是鼎鼎大名的「小宋」，所以，當我在街上見到時，特地指給姊妹們看一看的。

仁宗馬上召見宋祁，從容的問他塡詞的經過，羞得宋祁惶懼無地以自容。仁宗却笑着說：「蓬山不遠，我現在就將宮人賜給你！」

原來，在「鷓鴣天」詞中句：「劉郎已恨蓬山遠，更隔蓬山幾萬重。」宋祁分明在詞中感慨美人之「可望而不可及」，在「蓬山幾萬重」外，現在仁宗將美人賜給他，說成「蓬山不遠」，自然是仁宗的對「小宋」幽了一默！

「麈史」說，宋祁母夢朱衣人携文選一部與之，遂生祁，故名其小字「選哥」。卻把他說成天賦就是文學大家的材料一様。從世俗的眼光來看，「錦上添花」乃是人情之常，祇要能夠出人頭地，自然會受到另眼相看，所謂「好人是不會寂寞的」，名人又何獨不是？

一〇、歐陽修、臨江仙

池外輕雷池上雨，雨聲滴碎荷葉聲，小樓西角斷虹明，闌干倚處，待得月華生。

燕子飛來窺畫棟，玉鈎垂下簾旌，涼波不動簟紋生。水精雙枕，旁有墮釵橫。

稗史談到，歐陽修任河南推官時，對一個歌伎十分欣賞，當時錢文僖擔任西京留守。一天，在後園宴客，特別要歌伎來助興，可是等了好久，客人們大都到齊，祇有歐陽修未至，偏巧是歌伎也遲到。錢便質問歌伎。伎回答是：因天熱恐中暑，在涼堂睡覺。不小心將金釵失落，尋找就誤時刻，故爾遲到。錢乘勢說，能得歐陽推官以此製成新詞，當筵演唱，我賠你金釵如何？伎只得請求，歐陽修便即席賦此，滿坐皆擊節贊賞，要歌伎滿斟一杯送給永叔酬謝，留守乃令公庫出錢，償金釧之值。

本來，歐陽修爲古文大家，名冠天下，詩文都很嚴肅，然而「食色性也」，何況，永叔乃當時才子，與佳人之際遇，亦屬人情之常。似不能苛責，指爲不合。

歐陽修，字永叔，廬陵人，生於宋眞宗景德四年，他的父親歐陽觀，做過綿州推官，後來遷做泰州判官，不幸在他四歲時候，抛下他們母子早逝。那時他的母親鄭夫人，也才不過廿九歲，就帶着他到隨州，依靠小叔隨州推官歐陽曄生活。

推官的職位不高，養活兩家，不是件容易事，因此，歐陽修是在困苦中長大的，他的母親，含辛茹苦，撫育孤兒，家裡窮得連紙筆也買不起，鄭夫人便折蘆荻，畫沙書字教他讀書。這也是「蘆荻教子」的典出處。

歐陽修幼年很用功，聰敏努力，七八歲時，就能讀古人的篇章，家貧無錢買書，正好在隨州南郊李家，藏書頗爲豐富，小主人與歐陽修是朋友，因此可以從李府借閱一些圖書，由於書是借來的，他研讀起來，特別用功，幾乎到了廢寢忘食的地步。如此專心，進步自然更大。他十分敬佩韓愈之文章的精深博大，一天，在李家的牘卷殘篇中，發現了韓的六卷著作，使他欣喜若狂，便自告奮勇，請求讓他來修補清理，裝釘完整。獲得這個機會，使他有充份時間揣摩韓的文筆，卒使成爲繼韓愈以後的一位古文名家，同爲唐宋八大家之列。

歐陽修的苦讀成名，實在令人羨慕。十餘歲時，文章已經出人頭地，受到郡官的誇獎，稱他爲「神童」，前途不可限量。十七歲，應試的文章，更是傳頌一時，因此，在仁宗天聖八年，二十四歲，到京都開封，參加禮部考試時，一鳴驚人，考中首選，同年三月，由皇帝在崇政殿御試他又獲中進士，開始入朝為官。當時的楊億，劉筠等文士，學識雖然淵博，可是對俳優浮詞的「西崑體」，加以提倡，文學上呈現了華而不實的低潮，歐陽修認為這種流弊，如不能力改，終非國家的幸福，盡力矯正，一定要回復到切實平淡的作風。當時他所拔擢的像蘇軾、曾鞏、蘇洵、王安石等人，後來都成了古文大名家，皆在唐宋八大家之列。可見他對復古衞道的貢獻是如何的重大了。

他寫作的態度，正如同苦讀一樣，歷盡艱辛，一字不苟。每當他完成一篇著作，便把它黏貼在窗口，朝夕改定。必要時，重新改寫、修正。如此一遍又一遍的磨琢，直到認為滿意後，才肯拿出來，公之於世。他常對人說：「余平生所做文章，多出三上，乃馬上、枕上、厠上，這些時間，都可以幫助思考。」因此，我們也能看出，他的寫作是全神貫注，一時一刻也不肯放鬆的！

石林燕語書中，曾經談起，歐陽修晚年，對寫作的態度，依然十分嚴謹，往往一篇要看過幾十遍，甚至能放置案頭，十天半月，不肯定稿。一天，風雪嚴寒，燈下閱稿，夜深未睡，薛夫人站在一旁勸說道，太冷了，應當早睡，免得自傷身體，此係自己的作品，何必過份苛求，再三刪修，難道還怕老師責罵？歐公笑道，正因為駭怕人責罵，所以才要修改啊！

這種嚴謹的治學精神，實在值得我們的效法。

也許，他太嚴肅方正了，又擔任過「言官」，所以他的言行，也特別受人矚目。他另有一首受人爭議的蝶戀花，極爲清麗婉約，爲人所樂誦。

歐陽修、蝶戀花

庭院深深深幾許。楊柳堆煙，簾幙無重數。玉勒雕鞍遊冶處，樓高不見章臺路。

雨橫風狂三月暮。門掩黃昏，無計留春住。淚眼問花花不語，亂紅飛過鞦韆去。

其實，他的玉樓春、浪淘沙以及采桑子等，都是上乘之作，現在也把采桑子介紹於後：

歐陽修、采桑子

羣芳過後西湖好，狼藉殘紅。飛絮濛濛，垂柳闌干盡日風。

笙歌散盡遊人去，始覺春空。垂下簾櫳，雙燕歸來細雨中。

一一　張　先、一叢花

傷高懷遠幾時窮？無物似情濃。離愁正引千絲亂，更東陌飛絮濛濛，嘶騎漸遠，征塵不斷，何處認郎蹤。

雙鴛池沼水溶溶，南北小橈通。梯橫畫閣黃昏後，又還是新月簾櫳。沈恨細思，不如桃李，猶解嫁東風。

「過庭錄」說：「子野郎中一叢花詞云，沈恨細思，不如桃李，猶解嫁東風。一時盛傳，永叔尤其愛之，恨未識其人。子野家南地，以故至都。謁永叔，閽者以通，永叔倒履迎之曰，此乃桃李嫁春風郎中。」

張先，字子野，吳興人。天聖八年進士，官至都官郎中，他的詞頗爲雋永，多俚語而富於情趣。但有人却持有相反的看法，認爲「格韻雖高，頗乏情致」，這種見仁見智，兩種相互矛盾說法的同時存在，實在是由於因他的詞中有「俚語」的緣故。

蘇東坡稱他爲：「桃李嫁春風」郎中，高齋詩話云：「子野嘗有詩云，浮萍斷處見山影，又長短句云，雲破月來花弄影，又云，隔牆送過秋千影。並膾炙人口，世謂張三影。」古今詞話則說成：「有客謂子野曰，人謂公張三中，卽心中事，眼中淚，意中人也。公曰，何不目之爲張三影？客不曉，公曰，雲破月來花弄影，嬌柔懶起，簾壓捲花影，柳徑無人，墜飛絮無影。皆余平生得意句也，子野之長短句，又有：隔牆送過鞦韆影，詩句有：浮萍破處見山影等句，又有人稱他爲張五影。

一二　柳永、雨霖鈴

寒蟬凄切，對長亭晚，驟雨初歇。都門帳飲無緒，方留戀處，蘭舟催發。執手相看淚眼，竟無語凝噎。念去去千里煙波，暮靄沈沈楚天濶。多情自古傷離別，更那堪冷落清秋節，今宵酒醒何處？楊柳岸，曉風殘月。此去經年，應是良辰好景虛設。便縱有千種風情，更與何人說？

柳永，字耆卿，樂安人，初名三變，景佑元年進士，官至屯田員外郎，少時多遊狹邪，喜做艷詞，妙解音律，所以敎坊樂工，每得新腔，必求他譜詞，用來演唱，於是名噪一時，當時的說法是「凡有井水之處，就可以聽到柳的歌詞。」可見他詞譽之高，流傳之廣了。

宋初的詞多係小令，超過百字的長調，到張子野時才偶爾爲之。眞正慢詞的倡導者，當推柳永。吳曾說：「詞自南唐以來，但有小令，慢詞當起於宋仁宗朝，中原息兵，汴京繁庶，歌臺舞席，競賭新聲，耆卿失意無俚，流連坊曲，編入詞中，以便使人傳習，一時動聽，散播四方。」

這也就是世人稱做「蘇豪柳膩」的緣故。

他雖以詞聞名，但「鶴冲天」詞中，有：「忍把浮名，換了淺斟低唱」句，為仁宗所斥，後又進「醉蓬萊」詞中「玉掖波翻」，仁宗更惡句中「波翻」兩字，遂罷不復用，於是落拓江湖，流浪歡場，過著頹放的荒唐生活。他把眼前景物，和自身的遭遇，一一反映在詞裡。形成了：「非羈旅窮愁之詞，則閨門淫媟之語」。俚俗之語較多，風格自然不高。加上他行為不檢點，遂為士林所輕，窮苦潦倒而死。身後蕭條，甚至無法成殮，無以為葬，由羣妓醵資營葬。晚年的遭遇是十分悽慘的。但他的詞，影響當時及後世甚大。詞的內容至柳永而充實，成為慢詞的上品。開風氣之先，實在也是詞界的一大關鍵人物。

一三、王安石、桂枝香

登臨送目，正故國晚秋，天氣初肅。千里澄江似練，翠峯如簇。征帆去棹殘陽裡，背西風酒旗斜矗。綵舟雲淡，星河鷺起，畫圖難足。念自昔豪華競逐，歎門外樓悲恨相續，千古憑高對此，謾嗟榮辱。六朝舊事如流水，但寒煙衰草凝綠。至今商女，時時猶唱，後庭遺曲。

王安石，字介甫，臨川人，慶歷二年進士，神宗朝，拜中書門下平章事，加尚書左僕射，兼門下侍郎，封荊國公。也就是宰相、首輔的官職。爲了力矯時弊，曾經提倡農田、保甲、保馬、雇役、方田、水利、更戍、青田、均輸、市易等的新法，由於用人不當，功敗垂成，後人因此爲荊公惋惜。蒙齋筆談說，荊公初生，家人見有貛入其產房中，故乳名「貛郎」。安石詩文並茂，在唐宋古文八大家之列。其妻吳國夫人，亦能文。嘗著小詞，約諸親遊西池，句云：「待得明年重把酒，攜手。那知無雨又無風。」深受時人所重，認爲脫灑可喜。

「古今詞話」說：「金陵懷古調寄桂枝香者，不下三十餘家。惟獨推介甫之作爲絕唱。毋怪蘇東坡歎道，此老乃野狐精也。」

按安石小字獾郎，貛與獾同，爾雅、釋獸：「狼、牡獾，牡狼。」說文則指稱：「獾、野豕也。」實則獾非豕類，其種至繁，有豬獾、胡獾、狼獾、狗獾等。許愼所謂獾爲野豕之說，係指豬獾而言。蘇東坡戲言其爲「野狐之精」，乃以狼獾顧而虐之也。

一四　蘇軾、念奴嬌

大江東去，浪淘盡千古風流人物。故壘西邊，人道是三國周郎赤壁。亂石崩雲，驚濤拍岸，捲起千堆雪。江山如畫，一時多少豪傑。

遥想公瑾當年，小喬初嫁了，雄姿英發，羽扇綸巾，談笑間，檣櫓灰飛烟滅。故國神遊，多情應笑我，早生華髮，人生如夢，一樽還酹江月。

「吹劍續錄」說，蘇東坡（軾）在玉堂的時候，有位幕客善於唱腔，東坡偶爾高興，便問他道，我的詞和柳永比較，誰好誰壞？因爲柳永也是當時詞壇聖手，故東坡才有此問。幕客却回答說，兩位的詞，根本無法比擬。柳郎中的詞，只合十七八歲的妙齡女郎，手中拿著紅牙拍板，淺唱「雨霖鈴」詞中句：「楊柳岸曉風殘月」。學士的詞如「念奴嬌」得要請關西大漢，手拿鐵綽板，唱：「大江東去。」一個是香艷，一個是豪放，截然不相同。東坡聽了不禁哈哈大笑。

本篇便是「念奴嬌」原詞，有一個子標題是「赤壁懷古」。「苕溪漁隱叢話」認爲此詞語意特高，乃是古今絕唱。尤其是詞中有：「三江、三人、二國、二生、二故、二如、二千」字，惟有東坡才能有如此技巧，讀來無重複之嫌，他人固不可也。語意到處，他字不可代，因此可貴。

容齋隨筆說：「向巨源云，元不伐家，有魯直所書東坡念奴嬌，與今人歌不同者數處，如浪淘盡爲浪聲沉，周郎赤壁爲孫吳赤壁，亂石崩雲爲亂石穿空，驚濤拍岸爲掠岸，多情應笑我，早生華髮。爲多情應是，笑我生華髮。人生如夢爲如寄。不知此本今何在也。」

其實，此闋各本異同甚多，容齋是南宋時人，去東坡不遠，何況，又據黃山谷手書。自然有所本而言。然而「詞綜」說成浪聲沉作浪淘盡，與調未協。嚴格說起來，浪淘盡三字，平仄未嘗不協，不過浪聲沉更覺凝重吧了！也許蘇東坡正像歐陽修，有練字練句的揣摩工夫，成詞後再加以修訂，亦未可知。或者，竟是後人的「誤植」，就不必再加以考證了。不過，有人說成「小喬初嫁了，雄姿英發。」句，應爲「小喬初嫁，了雄姿英發。」乃合。正如村學究說書，不顧上下語意聯絡，令人噴飯。

蘇　軾、蝶戀花

花褪殘紅青杏小，燕子飛時，綠水人家曉。枝上柳綿吹又少，天涯何處尋芳草。
牆裏鞦韆牆外道，牆外行人，牆裏佳人笑。笑聲不聞聲漸杳，多情却被無情惱。

蘇東坡在三十六歲那年，到杭州任官。一天，東坡宴客，召來錢塘歌妓朝雲佐酒，見她風姿綽約，不沾不染，實在不像風塵女子，深為她憐惜。便詢問道，你淪落已多久？朝雲答是四年。東坡緊逼叮人地說，既有四年，朝則為雲，暮則為雨，只怕風塵樂事，還勝巫山。朝雲也乖覺，慘然一笑地說，雲雨雖濃，任風吹送，此身飄飄無主，不知誰是襄王。身於水深火熱之中，何言樂事？使得東坡油然心動，索興進一步說，既覺苦而不樂，何不早日從良。以妳的月貌花容，何愁不逢青眼。朝雲歎息地說，他若見憐，妾又嫌他酒肉臭，妾如可意，他又厭妾風塵女，這却如何？東坡聽得高興，便單刀直入地問道，我倒不厭妳風塵，不知妳可嫌我酒肉？朝雲連做夢也沒有想到，蘇東坡竟會「一見鍾情」，愛上了她！連忙拜倒在地，感激地說：「倘蒙超拔，則此身有主，無論衾裯犬馬，也心甘情願！」

果然，朝雲從此死心塌地的侍候東坡，等到他自杭州，調遷為徐州太守，湖州太守，朝雲都在他左右，後來，因寫詩諷諫政治，便指為誹謗朝廷下獄論罪，貶為黃州團練副使，先後五年，到神宗去世，哲宗即位才奉召入京。由中書舍人升至翰林學士，後兼侍讀為哲宗講書，稱得上榮寵至高，可是不久他又評論朝政被外調。元祐六年，東坡已是五十六歲，章惇為相，復行新法，對元祐黨人一律排斥，東坡舊案重提，因曾「誹謗朝廷」，貶至當時仍為荒蠻的惠州，任甯遠節度副使。由於人疏地僻，家人都不願隨行，只有幼子蘇過和多情的王朝雲相伴。因此，使東坡對朝雲的情愛，又添上幾分感激之意。在惠州不久，新黨仍不放過他，再貶去夷荒，任瓊州別駕，居昌化，當時其地是蠻烟瘴雨，荒蕪一片，連官舍也不准居住，他只好自己買地請當地人協助，蓋了兩間茅屋安頓。伴和幼兒蘇過著書立說，朝雲侍候，倒也能甯靜自處。徽宗卽位，調他到廉州，改任舒州團練副使。建中靖國元年，才召進京，復爲朝奉郎。自從他被貶二十年來，東奔西走，幸而他心胸開朗，凡事看得開，減少不少苦寂。他生平最傷心的，要算是在惠州時的一段生活了，當時荒蠻初冬十月，正如同江南九秋，寒風蕭瑟，東坡一時興起，要朝雲捧觴，唱「花褪殘紅」詞，朝雲朱唇未起，而淚落如珠，東坡驚問，朝雲這才說，我所以不能唱，正是因爲詞中句：枝上柳綿吹又少，天涯何處尋芳草啊！東坡這才笑語解頤的說，「我正悲秋，妳卻傷春！」遂不再唱。不久朝雲因抑鬱而一病不起。東坡將她葬在惠州悽禪寺松下，從此萬念俱灰，爲了追懷朝雲，終身再也不聽唱「蝶戀花」詞。

一五　晏幾道、鷓鴣天

彩袖殷勤捧玉鍾，當年拚却醉顏紅。舞底楊柳樓心月，歌盡桃花扇底風。從別後，憶相逢。幾回魂夢與君同。今宵剩把銀釭照，猶恐相逢是夢中。

晏幾道爲晏殊的么兒，字叔原，號小山。曾監潁昌許田鎭，能文章，工樂府，尤其擅長於塡詞，有乃父的遺風，而靑出於藍，大有凌駕乃父之上的趨勢。黃山谷對他的批評：「叔原樂府，寓以詩人句法，精壯頓挫，能動搖人心。合者高唐洛神之流，下者不減桃扇團扇。」毛子晉則以爲：「小山詞，字字娉娉嫋嫋，如攬嬙施之袂，恨不能起蓮鴻蘋雲，按紅牙板，唱和一過。」周濟明白指出：「晏氏父子，仍步溫（庭筠）韋（應物），小晏精力尤勝。」無非贊同黃山谷的評介，他倆的樂府，寓以詩人句法。入詩又能入詞也。像詞中：「今宵剩把銀紅照，猶恐相逢是夢中。」一直是千古絕唱。雪浪齋日記對：「舞低楊柳樓心月，歌盡桃花扇底風。」尤其激賞，認爲可比擬六朝的宮掖體，毫無遜色。晏補之則認爲小山之詞，自成一家言，風度閒雅，情詞婉麗，讀了：「舞低楊柳」句，知此人必不住三家村也。形容他們父子倆，氣質高雅，可謂一語解頤。

然而，由於他生長於「世家大族」，乃父曾為宰相之尊，不免使小晏有一種不肯隨波逐流，孤高自賞的氣質，加上他的仕途多阻，運蹇時乖，鬱鬱不得志。可是，他却我行不素，不肯巧言令色，一傍豪貴之門。因此，晚景頗為淒涼。蓄之內而發之外者，惟有「詞章」了。我們不難在他的詞中，找出消極愁苦的哀怨句子來，如像：「紅燭自憐無好計，夜寒空替人垂淚。」「遺恨幾時休，心抵秋蓮苦。」「人情恨不如。」「愁腸待酒舒。」都是藉詞發洩他心中的苦悶，而這些詞句，又何嘗不是他的「自白」呢？

「文窮而後工」，也許在此可以找到明證。

一六　賀鑄、青玉案

淩波不過橫塘路，但目送芳塵去，錦瑟年華誰與度？月橋花院，瑣窗朱戶，惟有春知處。

飛雲冉冉蘅皋暮，彩筆新題斷腸句。若問閒情都幾許？一川煙草，滿城風絮，梅子黃時雨。

賀鑄，字方回，本山陰人，遷居姑蘇醋方橋，曾經因到寺廟訪僧不遇，題了一首詩在牆壁：

破冰泉脈漱籬根，　壞衲猶疑掛樹猨。
蠟屐舊痕渾不見，　東風先爲我開門。

爲人所傳頌，王安石深愛這首詩，因而使他的聲名大噪。其實，賀的詩不如詞，他的詞與秦少游齊名，可見其造詣。本篇乃是他的得意之作，膾炙人口，其中：「若問閒愁知幾許，一川煙草，滿城風絮，梅子黃時雨。」受人激賞，因此時人稱他爲「賀梅子」。就是因本闋末句「梅子黃時雨」得名。

陸放翁在老學庵筆記中說：「方回狀貌極醜，色青黑，而有英氣，俗謂之「賀鬼頭」，喜校書，朱黃未嘗去手，詩文皆高，不獨工長短句也。」

篇中：「若問閒愁知幾許」，也有寫成：「試問閒愁知幾許」的。

龔明之中吳紀聞說，鑄有小築在蘇州盤門外之橫塘，時往來其間，因作此詞，時號賀梅子。然而，郎瑛的七修類稿則說成：「秦氏歿於藤州，賀鑄作青玉案詞以弔之。」似乎不確實。「復齋漫錄」說，自賀方回爲青玉案詞，山谷尤愛之，故作小詩以紀其事。後來山谷貶謫宜州，其兄黃元明，投其所好，依賀之青玉案原韻，和以送之，詞云：

千峯百嶂宜州路。天黯淡知人去。曉別吾家黃叔度。弟兄華髮，舊山修水，異日同歸處。
尊罍飲散長亭暮，別語丁寧不成句。已斷離腸知幾許？水村山館。酒醒無寐，滴盡空階雨。

山谷見了，不免黯然，卻也依原韻和答一闋云：

烟中一線來時路，極目送歸鴻去。第四陽關雲不度。山胡聲轉，子規言語，正是愁人處。
別恨朝朝連暮暮，憶我當筵醉時句。渡水穿雲心已許。晚年光景，小軒南浦，共捲西山雨。

按賀方回，籍隸衡州，乃是孝惠皇后的族孫，娶宗室女，授右班殿值，元佑中，通判泗州。又倅太平州，退居吳下，自號慶湖遺老。張文潛盛讚他的樂府，妙絕一世。高華如游金張之堂，妖冶如攬嬙施之袪，幽索如屈宋，悲壯如蘇李。不愧爲一大詞家也！

尤其令人噴飯的，乃是他的兩個兒子的命名，一個叫方房，一個叫方廩，暗中卻把自己的姓名，寓在子名中，試看房字中，不是包含方字稟字中不是包含回字嗎？

洪覺範也曾和云：

綠槐煙柳長亭路，恨取次分離去。日永如年愁難度。高城囘首，暮雲遮盡，目斷人何處？

解鞍旅舍天將暮，暗憶丁寧千萬句，一寸危腸情幾許？薄衾孤枕，夢囘人靜，徹曉瀟瀟雨。

好像雲南昆明池大觀樓的一百八十字長楹聯，被人倣作，用詠鴉片煙之爲害或諷義和團之妄爲，到處受人援引了！（上述故事請參閱拙作對聯掌故叢談，本局有售。）

一七　秦觀、滿庭芳

山抹微雲，天黏衰草，畫角聲斷譙門。暫停征棹，聊供引離尊。多少蓬萊舊事，空回首烟靄紛紛。斜陽外，寒鴉數點，流水繞孤村。銷魂當此際，香囊暗解，羅帶輕分，謾贏得，青樓薄倖名存。此去何時見也？襟袖上空惹啼痕。傷情處，高城望斷，燈火已黃昏。

「藝苑雌黃」說：「程公闢守會稽，少游客焉，館之蓬萊閣，一日，席上有所悅，自是眷眷不能忘情，因賦長短句，所謂：多少蓬萊舊事，空回首烟靄紛紛也。」可見此詞乃是一時興會所致而成，遂多神來之筆。這也許便是所謂寫作的「靈感」吧！

這首詞不但深受世人的雅愛，連蘇東坡也十分賞識，取詞的首句，稱他為「山抹微雲君」，世人則稱為「山抹微雲學士」。

「冷齋夜話」談到，東坡初未識秦少游。一天，少游知道東坡會再路過維揚，倣東坡筆法，題了一首詞，在山寺壁上。東坡看了果然不能辨識，等到孫莘老捧出少游的詩詞數十章，東坡見了才恍然大悟的說，向題壁的詞，一定是此子所作。因而認識了少游。可見少游模倣東坡詩詞，幾乎可亂眞，連東坡自己也狐疑，就無怪其不受世人的重視了！

「苕溪漁隱」談到，蘇東坡曾寫信給王安石，推薦秦少游說：「向屢言高郵進士秦觀太虛，公亦粗知其人。今得其詩文數十首拜呈。詞格高下，固已無逃於左右，此外博綜史傳，通曉佛書若此類，未易一一數也。」安石覆信則說：「示及秦君詩，適葉致遠一見，亦以謂清新嫵麗，鮑謝似之。公奇秦君，口之而不置；我得其詩，手之而不釋。」可見秦當時享譽之隆。也因此更能受到許多歌兒舞女的崇拜，流傳下不少的韻事。現在選兩則介紹如次：

「綠窗新語」說，秦少游寓京師，有貴官延飲，出寵姬碧桃侑觴，勸酒倦倦。少游領其意，復舉觴勸碧桃。貴官代爲解釋，說碧桃不善飲，請不必勉強。可是碧桃反而強著說，今天願爲學士拚一醉。引巨觴長飲。少游卽席贈碧桃虞美人詞一闋，闔座都感到委曲，爲的是少游碧桃兩人目中，並無視座客的存在也！貴官也恨得牙癢癢地說：「今後永不准碧桃出來陪酒」，倒反而引發了哄堂的大笑。

「夷堅志」說，長沙有義妓，善謳歌，尤其喜歡秦詞，得一篇便抄錄下來吟唱，後來少游坐鈎黨南遷，路過長沙，友人告訴他，此妓的行徑，少游深感驚訝，以爲山獠陋劣，不見得有什麼留戀，那知既見其姿容秀美，居所也瀟灑雅緻，便是求之長安、洛陽，也未見多得。不禁咄咄稱奇，坐談間，復見几上有文錄一卷，標名為秦學士詞。取來一看，皆是自己平日的創作。環視左右，僅此一卷，更無他詞。少游覺得十分奇怪，假意問道，秦學士是何許人？妓不知他是少游，盛讚其才華人品，少游復問，妳能不能唱，妓說是素習。少游益發奇怪地說，樂府名家，何慮數百，因何獨愛秦詞？又習又唱，似乎有所偏好，如果能遇到秦學士，便當如何？妓答說，公子不要開玩笑了！秦學士乃是京師貴人，豈有能到此的道理，況且，縱然到此，又怎肯見我？少游知道此妓之言，出於至誠。這才婉轉地告訴她，自己的身份和貶官來此的經過。妓大吃一驚，瞠目結舌，佇立良久，才匆匆奔入內堂，入告母媼，媼出設位，坐少游於堂，妓冠帔立堂下北面拜，然後張筵飲，極盡歡娛。少游留數日才辭去，從此妓竟杜門謝客，待秦北歸。數年後，少游死於藤，妓於夢中見少游，驚為不祥，行數百里，親臨棺前舉哀盡禮而絕，左右驚，救之，已死矣！

蔡修鐵圍山叢談，另外談到一則趣聞是，秦觀的女壻范溫，常參與達官貴人們的邀宴，某次席間，貴人的女侍，似乎對范有瞧不起的模樣，偏是這位女侍也是個「秦觀迷」，當酒筵吃得正高興的時候，女侍曾悄悄地查問范是何許人，正巧被范聽到，他見此機不可失，馬上站立了起來抗聲言道：我乃山抹微雲學士的女壻。使得女侍改容相謝，可見秦當時的風華和聲譽了！

能改齋漫錄，也舉出一段與此詞有關故事說，杭州西湖，有一位副知府，閒唱滿庭芳，偶然錯唱成：「山抹微雲，天粘衰草，畫角聲斷斜陽。當時在場的官伎琴操糾正說，不是聲斷斜陽，乃是聲斷譙門。副知府便乘興對她說，素知妳有才華，能不能將它改成「陽」字韻，琴操便試改成：

山抹微雲，天粘衰草，畫角聲斷斜陽。暫停征轡，聊共飲離觴。多少蓬萊舊侶，頻回首烟靄茫茫，孤村裡，寒鴉萬點，流水繞低牆。

銷傷當此際，輕分羅帶，暗解香囊，漫贏得，青樓薄倖名狂。此去何時見也，襟袖上空有餘香，傷心處，長城望斷，燈火已昏黃。

東坡聽說了，也稱賞不已！認爲琴操的確有才華。爲了欣賞便利計，現在把秦觀「滿庭芳」原詞，和琴操改韻置換的字，用括弧附在句後，抄錄出來，作爲對照：

山抹微雲，天粘衰草。畫角聲斷譙門（**斜陽**），暫停征棹（**轡**），聊共飲離尊（**觴**）。多少蓬萊舊事（**侶**），空（**頻**）回首，煙靄紛紛（**茫茫**），斜陽外（**孤村裡**），寒鴉數（**萬**）點，流水繞孤村（**低牆**）。

銷魂（**傷**）當此際，香囊暗解（**輕分羅帶**），羅帶輕分（**暗解香囊**），謾贏得青樓薄倖名存（**狂**），此去何時見也？襟袖上空染啼痕（**有餘香**），傷情（**心**）處，高（**長**）望斷，燈火已黃昏（**昏黃**）。

晁無咎評少游詞云：「近來作者，皆不及少游，如：斜陽外寒鴉數點，流水繞孤村，雖不識字人，亦知是天生好句也。」但苕溪漁隱叢談卻引用平江梅知錄指出，隋煬帝詩云：「寒鴉千萬點，流水繞孤村。」乃是少游警句的所自，分明是無咎不曾見過煬帝詩，才如此褒譽的！其他，像「玉籠金斗，時熨沉香。」和「睡起熨沉香、玉腕不勝金斗。」也是脫胎於李商隱的效徐陵體贈更衣云：「輕寒衣省夜，金斗熨沉香。」句，「落紅鋪經水平池，弄晴小雨霏霏。杏園憔悴杜鵑啼，無奈春歸！」則是從小杜：「莫怪杏園憔悴去，滿城多少插花人。」詩中句變化得來的，所謂「由來有自」，乃知名家寫作，多採擷前人優點，自加運用，很少「杜撰」語句，這和現在有些文士，往往標新立異，總以為如此可以超越古人自豪，其實乃是不學之過也！

由於蘇東坡的獎掖後進，不遺餘力。因此當時若干學士，多以能受其眷顧。其中尤以秦觀、黃庭堅、晁補之、張來等四人，最為突出，詞章更為可觀，被稱為「蘇門四學士」，秦觀則是四學士之首。

一八　黃庭堅、好女兒

粉淚一行行，啼破曉來妝。嬾繫酥胸羅帶，羞見繡鴛鴦。

擬待不思量，怎奈何目下悽惶，假饒來後，教人見了，卻去何妨？

冷齋夜話卷十載，法雲秀，關西人，鐵面嚴冷，能以理折人。魯直名重天下，詩詞一出，人爭傳之。師嘗謂魯直曰：「詩多作無害，豔歌小詞可罷之。」魯直笑曰：「空中語耳，非殺、非偷，終不至坐此墮惡道。」師曰：「若以邪言蕩人心，使彼逾越禁，爲罪惡之由，吾恐非止墮惡道而已。」魯直頷之，自是不復作詞曲。

然而苕溪漁隱叢話前集卷五十七，引述冷齋夜話所說，法雲秀老，關西人，面目嚴冷，能以禮折人。李伯時畫馬，東坡第其筆當不減韓幹，都城黃金易致而伯時畫不可得。師讓之曰，伯時士大夫，而以畫馬之名行，已可恥，矧又畫馬，人誇以爲得妙，入馬腹中，亦足可懼。伯時大驚不自知身去坐榻，曰，今當何以洗過？師勸畫觀音像以贖其罪。黃魯直作豔語，人爭傳之，秀呵曰，翰墨之妙，甘施於此乎？魯直笑曰，又當置我於馬腹中耶？秀曰，公豔語蕩天下淫心，不止於馬腹中，正恐生泥犂耳！」魯直頷應之。故一時公卿伏師之善巧也。已與夜話卷十所載，有所出入，其後，苕溪漁隱又稱，余讀魯直所作晏叔原小山集序云，余少時間作樂府，以使酒玩世。道人法秀獨罪予以筆墨勸淫，於我法中當下犂舌之獄。特未見叔原之作耶？觀魯直此語，似有憾於法秀，不若伯時之能伏善也。」據校注指出，今本冷齋夜話，訛奪錯亂特多，即此一條，亦相差甚遠，其他爲叢話所引，而今本全亡者，指不勝屈，足見校訂之難也！

平心而論，福善禍淫，不但有益於世道人心，況今日世風澆薄，奸詐百出，邪言激蕩人心，乃不爭之論，就事論事。吾人寧信冷齋夜話卷十之言是也。

一九　晁補之、洞仙歌

青烟幕處，碧海飛金鏡。永夜閒階臥桂影，露涼時零亂，多少寒蛩，神京遠，唯有藍橋路近。
水晶簾不下，雲母屛開，冷浸佳人淡脂粉。待都將許多明月，付與金尊。投曉共，流霞傾盡。
更攜取胡牀，上南樓，看玉做人間，素秋千頃。

毛子晉說，无咎在大觀四年，卒於泗州官舍，自畫山水留春堂大屛，上題云：

胸中正可吞雲夢， 琖**底何妨對聖賢。**
有意淸秋入衡霍，　為君無盡寫江天。

又詠上面的洞仙歌一闋，絕筆而逝。

按晁補之，字无咎，鉅野人，年十七時，著錢塘七述，受知於蘇軾，舉進士，試開封及禮部別院，皆第一。其詞飄逸，近似東坡，善寫謫思離懷。此闋註為泗州中秋作，亦為其最後作品，苕溪漁隱叢話指出，凡作詩詞，當如常山之蛇，救首救尾，不可偏也。如无咎作中秋洞仙歌詞，其首云：靑烟幕處，碧海飛金鏡，永夜閒階臥桂影三句，固已佳矣，其後闋，待都將許多明月，付與金尊。一直到素秋千頃。如此，可謂善救首尾者矣！

書錄解題也說，近代詞家，黃九（山谷）秦七（少游）外，晁氏未必多遜。可見他的份量，不過，最受人注意的，還是復齋漫錄所載，關於他論詞的一段，將北宋各大詞家，如晏、歐、張柳、蘇、秦等，作簡扼而貼切的批評，不但彌足珍貴，也是難得一見的批評文學。

世言柳耆卿曲俗，非也。如八聲甘州云：「漸霜風淒緊，關山冷落，殘照當樓。」此唐人語不減高處矣！歐陽永叔浣溪沙云：「堤上游人逐畫船，拍堤春水四垂天，綠楊樓外出鞦韆。」要皆絕妙。然只一「出」字，自是後人道不到處。東坡詞，人謂多不諧音律，然居士詞橫放傑出，自是曲中縛不住者。黃魯直間作小詞，固高妙，然不是當家語。自是着腔子唱好詩。晏幾道不蹈襲人語，而風調閑遠，如「舞低楊柳樓心月，歌盡桃花扇底風」。知此人不住三家村也。張子野與柳耆卿齊名，而時以子野不及耆卿，然子野韻高，是耆卿所乏處。近世以來，作者皆不及秦少游，如「斜陽外，寒鴉數點，流水遶孤村。」雖不識字人，亦知是天生好言語。

二〇

張耒、少年遊

含羞倚醉不成歌，纖手掩香羅。偎花映燭，偸傳深意，酒思入橫波。

看朱成碧心迷亂，翻脈脈歛雙蛾。相見時稀隔別多。又春盡，奈愁何！

四庫提要中談到，蘇門四學士中，張耒不以詞名，故所作極少，然其傳世的風流子，秋蕊香及本篇少年遊三調，均有風致，也是不能否認的。

老學菴筆記談到，張耒生而有文在手，因此命耒，號文潛。他的名號是有其背景的。

按張耒，字文潛，楚州淮陰人，第進士。歷官起居舍人，以直龍圖閣知潤州，坐黨籍謫官，建炎初贈集英殿修撰。堯山堂外紀指出，他十七歲時，作凾關賦，游學於陳，深受學官蘇東坡的賞識，稱其文汪洋沖澹，有一倡三嘆之聲。因從東坡遊，成爲蘇門四學士之一。是其不以詞名，可謂信而有徵也！

能改齋漫錄談到，右史張文潛，初官許州，喜官妓劉淑奴。張因作少年游令云云。

據說，後來張去任，又作秋蕊香寓意，詞云：

張耒、秋蕊香

簾幕疏疏風透，一線香飄金獸。朱闌倚徧黃昏後，廊下月華如晝。
別離滋味濃如酒，令人瘦。此情不及牆東柳，春色年年依舊。

或謂秋蕊香一闋，更爲清新雋巧，但都是風花雪月之作，擴展不開，規模不大。所謂詞以人傳，也許正因爲他是蘇門四學士之一，使其詞得以流傳，亦未可知！

二二 周邦彥、陵蘭王

柳陰直，烟裡絲絲弄碧。隋堤上，曾見幾番，拂水飄緜送行色。登臨望故國，誰識京華倦客？長亭路，年去歲來，應折柔條過千尺。

閑尋舊蹤跡，又酒趁哀絃，燈照離席，梨花榆火催寒食，愁一箭風快，半篙波暖，回頭迢遞便數驛。望人在天北。

悽惻，恨堆積。漸別浦縈迴，津堠岑寂，斜陽冉冉春無極。念月榭攜手，露橋聞笛。沉思前事，似夢裡，淚暗滴。

這本是周邦彥罷官回，京師名妓，也是他的膩友李師師，話別送行時，即時所塡的一首詞。

原來，周邦彥，字美成，自稱「錢塘居士」，少年時，聰穎疏放，恃才傲物，又不肯檢束自己的言行，因此，被人瞧不起。然而他喜愛讀書，涉獵甚廣，知識淵博，又深通音律，塡成的詞章，清麗可喜。加上他寫作技巧高超，又喜冶遊，往往將一些香艷事，用通俗文字，白描出來，不但可以朗朗上口，音韻鏗鏘，更是適合市井輩的味口，因此能夠廣泛流傳，競相演唱，使得聲名大噪，被稱爲「唯美大師」。

他廿四歲時，去到京都，在太學讀書，獻過一篇「汴都賦」，受到神宗賞識，派爲太學正，仍在太學讀書，後來調爲廬州太學做教授，以及溧水知縣。召還，回到京師，擔任國子主簿。哲宗登位後，召對，除秘書省正字，改遷爲校書郎，考功員外郎，衞尉，宗正，少卿兼儀禮局檢討等官。又以龍圖閣學士，出任河中知府。徽宗繼位，改爲隆德知府，遷明州，調回京師升任徽猷閣侍制。大體上說來，官運算是亨通的。

歷史上，見諸正史，指出皇帝公然嫖妓的，恐怕祇有宋徽宗了！這位寫得一手自名爲「瘦金體」好字的帝王，私德敗壞，治國無方，枉有衆多嬪妃，却要和京中名妓李師師打得火熱。甚至還從宮中挖掘一條地道直通李師師寢處，便利徽宗往來。明目張膽，毫無顧忌。可是李師師却心有所戀，正和周邦彥打得火熱。懾於帝王淫威，師師、邦彥兩人，都不敢明白表示而已！

一天，邦彥正在師師家飲酒作樂，忽報徽宗駕到，一時情急，又無處躲藏，只好爬到床底下隱身。徽宗來時，帶着一個新鮮的蜜橙，說是江南才進貢的，給師師嚐新，兩人不免打情罵俏一番，周邦彥躲在床下，聽得明白，却不敢動彈，也實在不是味兒，一等徽宗離去，立刻回家，譜了一闋「少年遊」，用來抒一抒自己的抑鬱。

周邦彥、少年遊

並刀如水、吳鹽勝雪，纖指破新澄。錦握初溫，獸香不斷，相對坐調笙。低聲問：「向誰行宿？城上已三更。馬滑霜濃，不如休去，直是少年行。

此詞的音韻協調，十分好唱，因之不脛而走，都中萬人傳唱，帶入宮中，傳進徽宗耳裡，惱得皇帝心頭火起，說周邦彥廢弛職責，不務正業。却塡些歪詞，下詔免除官職，逐出京師。

李師師知道這個消息，如同晴天霹靂，雖然事由她起，但卻無法可想，何況與皇帝對立，成爲情敵，實在是使徽宗無法容忍的。不得已，只好到京城外，送別一程。兩人黯然而別，自然是千萬叮嚀，涕淚橫流，有說不盡的相思之情。周邦彥這才即時塡成一闋「陵蘭王」，便是本篇起首的一詞。

徽宗處分周邦彥事完畢，再到師師處，却不見人影，直到初更時分，才見她懶洋洋地返來，神情幽傷。不用問自然是送別邦彥去了，惱得徽宗大怒，卻禁不得師師的如泣如訴，一番眼淚，反而使徽宗心平氣和地查詢她，送別時可曾塡詞，何妨唱來消遣解悶，師師不敢怠慢，等到唱出「陵蘭王」，抑揚頓挫，滿腹情愫，不由使徽宗動容。既欣賞詞意優美，更感到內疚，憑私人不德的恩怨，坐免周官，逐出京師，實在太任性。仍又藉此詞，赦免他的罪愆。令人快馬追回，官復原職，了卻一場風波。

他的詞，一字一句都經過洗鍊和刻畫，形成了精緻典雅的篇章，因此得到後人一致的讚譽。對他的評價，幾乎是異口同聲，認爲是：「字句凝鍊，音韻和諧。格調嚴整，鋪述瞻富，刻畫細膩，充分顯示出寫作技巧。」

由於他的詞，音律完整，字句工麗，適於詞人模仿，因而得到後世的激賞，對後世的影響，是十分深遠的。

他的「蘇幕遮」，稱得上是代表作，充份顯示出上面所說的特點：

周邦彥、蘇幕遮

燎沉香，消溽暑。鳥雀呼晴，侵曉窺檐語。葉上初陽乾宿雨，水清清圓，一一風荷舉。
故鄉遥，何日去？家住吳門，久作長安旅。五月漁郎相憶否？小檝輕舟，夢入芙蓉浦。

一二二、李清照、聲聲慢

尋尋、覓覓、冷冷、清清、悽悽、慘慘、戚戚；乍暖還寒時候，最難將息。三杯兩 淡酒。怎敵他晚來風急。雁過也。正傷心，却是舊時相識。

滿地黃花堆積，憔悴損，而今有誰堪摘？守着窗兒，獨自怎生得黑！梧桐更兼細雨，到黃昏點點滴滴。這次第，怎一個愁字了得？

「聲聲慢」是李清照的作品，李號易安居士，濟南人。是禮部員外郎李格非的掌珠，雙親的文學素養既高，家中藏書又多，可以朝夕瀏覽，所以能陶冶成清照的詩文精工，尤善作詞。廿一歲嫁給諸城太學生趙明誠，婚後生活十分美滿。明誠有時外出遊學，夫婦倆便藉著文章和書信，來互通情愫。某年重陽節，明誠在外接到愛妻所寄「醉花陰」一闋，至爲欣服。也想來做一首，希望能勝過她。苦吟了三晝夜，塡成十五闋，連同易安之作，合爲十六闋，送請他的好友陸德夫品評，德夫再三玩味，特別指出：「莫道不銷魂，簾捲西風，人比黃花瘦。」三句絕佳。明誠這才歎服，知道要想在塡詞上和愛妻爭勝，是無法辦到的。

後來，明誠早死，當時正逢靖康之變，孑然一身，奔走於台州、剡州、溫州、越州、衢州道上，顚沛流離，備嘗艱辛，直到建炎四年，才能西上卜居在金華，沒有幾年，便鬱鬱地離開了這個多難的世界。

她的「醉花陰」原詞是：

薄霧濃雲愁永晝，瑞腦銷金獸，佳節又重陽，玉枕紗廚，半夜涼初透。東籬把酒黃昏後，有暗香盈袖。莫道不消魂，簾捲西風，人比黃花瘦。

「四庫提要」盛讚她的成就說：「以一婦人，而詞格乃抗軼周柳，雖篇軼無多，固不能不寶而存之，爲詞家一大宗矣。」

平心而論，李淸照能把通俗的言談，注入詞章，而且能恰到好處，襯托出字句的生動和諧，產生出韻律美。她取材的幅度，旣寬又廣，運詞造意，更能別出心裁，充份顯示了她在練字技巧上的講求，說成：「她是詞壇高手」，一點也不過份。

像本篇所要介紹的「聲聲慢」，是她後期的作品，詞中運用十四個疊字，手法之大膽，格調之新奇，雖不是絕後，却是空前的。不但讀來音韻鏗鏘，意趣雋永，意趣盎然，能使人邁入一個更高的境界。她風格獨特，自視甚高。對於前人的享盛譽，不但不肯附和，甚至，還提出若干「

見解深刻」的批評，這在世俗的眼光中，可算是十分大膽而狂傲的，然而，站在「批評文學」的立場，我們又怎能不爲此而「喝彩」呢？

有批評才有進步，善意和有深度的批評，才是進步的原動力！爲了不失原韻，現在將她對當時詞人的批評，抄錄如次：

「本朝有柳屯田、永者，變舊聲作新聲，出樂章集，大得稱於世。雖協音律，而詞語塵下。又有張子野、宋子京兄弟、沈唐、元絳、晁次膺輩繼出，雖時時有妙語，而破碎何足名家之？至晏元獻、歐陽永叔、蘇子瞻，學際天人，作爲小歌詞直如酌蠡水於大海，然皆句讀不葺之詩爾，又往往不協音律。王介甫、曾子固，文章似西漢，若作小歌詞，則人必絕倒，不可誦讀也。乃知詞別是一家，知之者少。後晏叔原、賀方回、秦少游、黃魯直出，始能知之，又晏苦無舖敍；賀苦少典重；秦專主情緻，而少故實，譬如貧家美女，非不妍麗，終乏富貴態；黃尙故實，而多疵病，如良玉有瑕，價自減半矣。」

從上面這段品評中，可見他對這些人，認爲沒有一個是十全十美的，根本沒有人能成爲詞壇的出類拔萃人物。

由於她的自視太高，開罪很多人，使得自己也受到了無謂的傷害，不但遭受當時及後人的嫉忌，甚至有人誣指說她「晚節不修，曾經改嫁給張汝舟。」這種莫須有的誣說，正是他「見解深刻，批評大膽。」的後果。

張瑞義的「貴耳集」指出：「易安居士以尋常語度入音律，鍊句精巧則易，平淡入調者難。」歷代學者，對她的讚譽，異口同聲。可見她在詞壇的地位了！

另外，值得附帶一談的，是詞的調子。調子是「音樂的」而非「文學的」，換句話說，調子不能牽就文章，一定要用文章來遷就調子，所以我們經常會把「作詞」說成「塡詞」，道理便在此。

詞調變化，自唐宋以來，大概分爲四個階段：

一、盛行在晚唐及五代時候的，稱爲「令」，也就是「小令」，正是我們所說的「小詞」。

二、北宋初年開始盛行的長調，稱爲「慢」，本篇便是長調的「慢」。

三、北宋晚年出現一種「犯調」，顯然是東拼西湊而成，雜亂無章，也許，這和當時社會和政治上的因素有關。

四、南宋以後，詞人已能跳出「自然演變」的則律以外，自行規劃編增，也就是所謂「自度腔」。詞的發展，到此已成「強弩之末」，它的地位，無形中已由「曲」所取代了！

一二三、婦人、念奴嬌

桂魄澄輝，禁城內，萬盞華燈羅列，無限佳人，穿繡徑，幾多妖艷奇絕，風燭交光，銀燈相射，奏蕭音初歇。鳴稍響處，萬民瞻仰宮闕。

妾自閨門給假，與夫携手，共賞元宵，誤到玉皇金殿，砌賜酒，金杯滿設，量窄從來，紅凝粉面，尊前無憑說，假王金盞，免公婆責罰臣妾。

宋徽宗時，某年上元夜在宮前紮鰲山燈，與萬民同樂，並分賜觀賞燈景的百姓御酒，每人一杯。有位婦人飲完賜賞御酒後，偷偷的將酒杯藏了起來，被宮前守衞人員發覺，抓到御前，徽宗問她何以要偷酒杯，婦人回奏因和丈夫一同外出觀賞花燈，不料兩人走散，如今獨飲御酒，恐公婆見責，這才偷御酒杯，作爲佐證。徽宗覺得有理，正想將金杯賞賜，可是侍衞人員恐怕婦人是事先做好的「預謀」，建議要婦人以此事撰詞，並限令卽時完成，如果做得出來，才可以免究。不然便得治罪。婦人用「念奴嬌」詞牌，塡成上詞。

徽宗見詞大爲欣賞，傳旨後人不許攀例，把金杯賜給婦人。

可是「宣和遺事」敍述中，同樣一件事實，婦人所塡的詞，却改爲「鷓鴣天」，詞是：

月滿蓬壺燦爛燈，與郎携手至端門，貪看鶴陣聲歌擧，不覺鴛鴦失卻羣。天漸曉，感皇恩，傳宣賜酒飲杯巡。歸家恐被翁姑責，竊取金杯作照憑。

二四、吳淑姬、長相思

煙霏霏，雨霏霏，雪何梅花枝上堆，春從何處回。
醉眼開，睡眼開，疏影橫斜安在哉。從教塞管催。

詞林記事稱：「吳淑姬爲湖州吳秀才女，慧而能詩詞，貌美，家貧爲富氏子所據，或投郡訴其姦淫。王龜齡爲太守逮係司理，既伏罪，且受徒刑，郡僚相與詣理院觀之，乃具酒引使至席，風格傾一座，遂命脫枷侍飲，諭之曰，知汝能長短句，宜以一章自詠，當宛轉白待制爲汝解脫，不然，危矣。女即請題，時冬末雪消，春日且至，令道此景作長短句，女捉筆立成長相思云云。諸客賞歎，爲之盡歡，明日以告王公，言其冤，王淳直不疑人欺，亟使釋放。其後無人肯禮娶，周介卿石之子，買以爲妾，名曰淑姬，王三恕時爲司戶攝正，理治此獄，小詞藏其處。」

二五

佚名、古陽關詞

渭城朝雨，一霎浥輕塵。更洒徧客舍青青，弄柔凝碧，千縷柳色新。更洒徧客舍青青。千縷柳色新。

休煩惱。勸君更進一杯酒，只恐怕西出陽關，舊遊如夢，眼前無故人。只恐怕西出陽關，眼前無故人。

徐本立的「詞律拾遺」說：「弄柔凝碧，碧字據舊說補，此即王維原詞加字以便歌者也。」王維的「渭城曲詞」，也就是「陽關曲」。李治敬齋古今談到：「廣寧樂工教之歌渭城曲。起二句，於第四字第七字下，以喇哩離賴爲和聲。後二句於第四字第七字下，以喇哩來離來爲和聲；既而悟其非，乃改爲起句不疊歌。以下每句疊歌，加以和聲。故曰三疊曲。」這也是現在國語歌曲「陽關三疊」，也稱「昭君怨」，歌詞寫作的準據。王維作七言樂府「渭城曲」，原句爲

渭城朝雨浥輕塵，　客舍青青柳色新。

勸君更盡一杯酒，　西出陽關無故人。

蘇東坡對此詩，特別愛好，用借聲法改爲「渭城曲詞」曰：

濟南春好雪初晴。行到龍山馬足輕，使君莫忘雲溪女，時作陽關腸斷聲。

詞中「忘」爲去聲。通首四聲一字不易，惟「客」字作「時」字。入本可作平也。依照東坡本人的解釋：「渭城曲絕句，近世多歌入小秦王，蓋其律不同，故用借聲之法。」想來唐時樂府的歌法，至宋時已經失傳，所以「佚名」者將他添字疊唱，改變形式，蘇東坡也有「借聲」的唱法，由此可知，唐代的樂府歌詞，是和樂曲分離，詩人自作律絕詩，由樂工伶人譜爲樂歌。中唐以後，歌詞與樂曲漸漸接近，詩人可取用現成樂曲，依其曲拍作爲歌詞，遂成長短句。概括起來說明，唐代樂府是先有歌詞，後有樂曲。中唐以後漸漸演變成依樂曲塡入適當長短句，成了「塡詞」，所以才有佚名者改寫王維渭城曲爲「古陽關詞」的故事。

丙編：南宋

一 岳武穆、滿江紅

怒髮沖冠，憑欄處，瀟瀟雨歇，抬望眼，仰天長嘯，壯懷激烈。三十功名塵與土，八千里路雲和月。莫等閒，白了少年頭，空悲切！

靖康耻，猶未雪，臣子恨，何時滅？駕長車，踏破賀蘭山缺。壯志饑餐胡虜肉，笑談渴飲匈奴血。待從頭，收拾舊山河，朝天闕。

南宋紹興二年，岳武穆率軍馳援杭州。在廣德地方和金兵遭遇，打得金人落花流水，解了宜興之圍，又復乘戰勝餘威，一鼓作氣收復了建康。使得「岳家軍」的聲威大振，遠近聞名。進而揮師前往江西、湖南及廣東邊區，從事綏靖的剿匪工作。這支堅苦卓絕，戰功彪炳的常勝軍，遂成爲當時「安內攘外」的一支主力部隊，深受朝野上下的倚重。因此在同年六月，宋高宗特地下詔，命他節駐江州，也就是今天的江西九江地方，從事擴軍整補，藉以休養生息。紹興三年九月十三日，武穆奉召從九江抵達杭州行在，高宗傳諭命他繫聖賜金帶上殿以示榮寵，撫慰再三，並加賜衣甲、馬鐙、弓箭各一副、金線戰袍、金束帶、戰刀、銀纏槍、戰馬海皮鞍各一件，再加賜「精忠岳飛」御書旗一面。這也是精忠旗和精忠岳飛四字的典出處。武穆受到如此的榮寵，心懷感激，更加深了他「盡忠報國」的意念和決心。九月十五日，奉詔加授武穆鎮南軍承宣使，充江南西路舒蘄州制置使。九月二十四日正式設置司署於江州，防區包括安徽及廣州的一部份。儼然是總攬軍政的方面大員。和池州的劉光世，鎮江的韓世忠諸將分庭抗禮。當時，他才不過卅歲。英勇少年，而深負重寄，這才使武穆在感激涕零之餘，寫成此千古不朽的名作——滿江紅詞，來抒發一己的抱負和感慨。

此詞是紹興三年九月底，在江州司署內寫成。九江一帶秋季多雨，助長了悲時憂國的蕭煞氣氛，我們不難在詞的前段，看得出來。沉着！痛快！不由使人產生共鳴。然而，後段却能「化悲憤為力量」，實踐力行，用：「駕長車，踏破賀蘭山缺；壯志饑餐胡虜肉；笑談渴飲匈奴血。」表明作者的心胸，這份雄奇磊落，就非一般舞文弄墨人士，所能望其項背的了！

按照史乘的記載，武穆自二十歲離開河南湯陰，程崗村故里，到正定從軍。經過冀北、魯西到南邱，再北上由河北經滑縣、新鄉、鞏縣、開封南下到建康。杜充棄守建康，武穆不肯附和，離開建康以後，一直陷於孤軍奮戰，突兀於廣德、宜興間，竟能一鼓作氣，擊敗强敵收復建康，復自湖口沿贛江南下，往來週旋於贛南、粵東的邊區，綏靖匪寇，再回到江州，養兵休卒，直到紹興三年九月，從江州到杭州入覲。途程萬里，艱苦備嚐。披星戴月，南征北討。在此十年中的辛酸，自可想見，詞中所謂的：「三十功名塵與土，八千里路雲和月。」實在也是眞有其事，並無渲然誇大之處，更是難能而可貴。

其實，宋詞發展至周邦彥、李清照，本可直入古典樂府之堂奧，然而國事日非，政治上的渦流，激蕩了文人的生活起居，朝廷南渡更增加了政局的動盪不安，和人民的顚沛流離之苦，使蘇軾等詞人豪放磊落的風格，受到鼓勵，形成「詩人詞」的抬頭。尤其是在國破家亡，兵連禍結的日子裏，一般地說來，消極的遯世觀和積極的憤世觀互相消長，早已取代了從前醉生夢死，吟風弄月的詞藻堆砌和無病呻吟，掀起了詞界的一大革命，趨向於寫實、自然、抒意、寄興的境地，不再斤斤於格調音律、字句工拙、詞藻華富了。

遯世派的詞人，由於意識上過份消極，甚至近於灰色，不是我們硏討的對象。現在，謹就「憤世派」的形成和背景，做概要的說明。

大體上，憤世派詞人，都是忠耿熱烈的文士，他們目擊山河破碎，主上蒙塵，生靈塗炭，哀鳴遍野，而亂臣賊子的賣國求榮，爲虎作倀，更增强了他們的民族意識，莫不義憤塡膺，歌以當哭，產生一種磊落和不平的怨訴，充份顯示出激昂慷慨的心曲，形成「民族文學」的特質，也正是當時文學界的一朵奇葩。

這些憤世派的詞人中，以趙鼎、胡銓、張元幹、張孝祥、陳亮、劉過、陸放翁、辛棄疾和岳武穆等最爲突出，而這些人中，大都也僅是止於用言詞來抒懷寄慨，陸放翁和辛棄疾，雖有壯志雄圖，可惜未能一展抱負，惟獨岳武穆，才兼文武，言行一致。劍及履及，中肯切要。因此他的詞最爲沉着痛快，雄偉壯觀。這種從閱歷中親自體驗的寫實手筆，是其他詞家無法企及的地方，而本篇滿江紅詞，更是這類作品中的佼佼者。

二　韓世忠、南鄉子

人有幾多般，富貴榮華總是閒，自古英雄都是夢，爲官，寶玉妻兒宿業纏。**年事已衰殘，鬚鬢蒼蒼骨髓乾。不道山林多好處，貪歡，只恐癡迷誤了賢。**

田汝成「西湖志餘」談到，蘄王生長兵間，未嘗知書，晚歲忽若有悟，能作字及小詞，信乎非常人也。」此可解而不可解。可解者，福至心靈謂也，不可解者，詩韻平仄講究，非一朝一夕之故，不學而得，爲不易也！

韓世忠，延安人，風骨偉岸，目瞬如電，早年驚勇絕人，能騎生馬駒，家貧無產業，嗜酒尙氣，不受約束。宣和間，爲偏將。擒方臘，敗西夏。積功官嘉州防禦史，高宗南渡，擒叛逆苗傅劉正彥於漁梁誅之，乃安王室。金兀朮統兵十萬南犯，世忠兵八千屯鎭江，大敗金軍於黃天蕩，復擊敗金人與劉豫聯軍，時稱中興第一功臣。卒謚忠武，孝宗時追封蘄王。

鶴林玉露更談到一則有關他的軼事說：「韓蘄王夫人，京口娼也。嘗五更入府，伺候賀朔，忽於廟柱下，見一虎蹲臥。鼻息齁齁然，驚駭亟走出，不敢言，已而人至者衆，往復視之，乃一卒也，因蹴之起，問其姓名，爲韓世忠，心異之，密告其母，謂此卒定非凡人，乃邀至其家，具酒食，卜夜盡懽，深相結納，資以金帛，約爲夫婦。蘄王後立殊功，爲中興名將，遂封兩國夫人蘄王嘗逼兀朮於黃天蕩，幾成擒矣。一夕，鑿河遁去。夫人奏疏言世忠失機縱敵，乞加罪責，舉朝爲之動色。其明智英偉如此！」亦可作爲妄言妄聽之資，泮博讀者一粲耳！

白雨齋詞話談謂：「岳少保、韓蘄王、文信國俱能爲詞，而少保爲稍勝。然此皆詞以人傳，並非有獨有處也。淺見者據歎爲工絕，殊可不必。」亦實情也！

三 辛棄疾、摸魚兒

更能消幾番風雨，匆匆春又歸去！惜春長怕花開早，何況落紅無數？春且住，見說道天涯芳草無歸路。怨春不語，算只有殷勤，畫簷蛛網，盡日惹飛絮。

長門事，準擬佳期又誤，蛾眉曾有人妬。千金縱買相如賦，脈脈此情誰訴，君莫舞！君不見玉環飛燕皆塵土？閒愁最苦。休去倚危欄，斜陽正在，烟柳斷腸處！

辛棄疾，字幼安，號稼軒，濟南厤城人，性情豪爽，崇尚氣節，和朱熹相處得很友善，朱熹去世時，黨禁正嚴，沒有人敢去弔唁，以免惹上厤煩。可是，辛棄疾不管這些，獨自爲文哭奠，可見他是如何的「守正不阿」了！

當耿京聚兵在山東，節制忠義軍馬，幼安擔任耿的書記官，慫愿並代表耿京向朝廷輸誠。高宗召見後，授爲承務郞。然而二十年中均處於後方，未能達成「前敵殺賊」的志向，他的滿腔熱血和未酬壯志，只好形諸詞章來發洩心聲了。因此，他的詞多寫激昂慷慨的長調，目的在抒發胸中幽憤。

稼軒人格的偉大，節操的崇高，愛國的殷切，北伐的壯圖，都可以從他的詞中，表現出來。這種撫時感事的作品，縱橫慷慨，變化動盪，不主故常。詞至辛棄疾，已經完全脫離詩的格局，和樂府的糾纏，眼界爲之一寬。實爲南宋第一大家。

周濟說：「稼軒不平之鳴，隨處輙發，有英雄語，無學問語。故往往鋒穎太露。其才情富艷思力果銳，南北兩宋，實無其匹。無怪流傳之廣也。」

馮煦認爲：「稼軒負高才，不可覊勒，能別樹一幟。」

王國維則稱：稼軒詩的佳處，在有性情，有境界。即以景象論，亦有傍素波干青雲之慨。」不過，辛詞好用典故，有「掉書袋」的弊端，由於他的才氣洋溢，尚還不容易看得太明顯。一旦稍嫌短絀，便成了「似是而非」的四不像。因此，後來學辛詞的人，往往滿紙典故，弄得不倫不類」，有「畫虎不成反類犬」之譏。如劉克莊的詞，便是很明顯的一例。

本闋前有段小注，說在淳熙已亥，從湖北漕移湖南，同官王正之置酒小山亭，爲賦。便是孝宗時以大理少卿，出爲湖南安撫的前夕。詞中有：「長門事……千金縱買相如賦。」及「玉環、飛燕皆塵土。」數典，飛燕直指趙飛燕，玉環指楊玉環，兩典易曉。相如賦一典，乃指漢武帝的皇后陳阿嬌被廢，幽居長門宮，武帝數喜相如賦，阿嬌便央人以黃金百斤，爲相如文君取酒，相如爲「長門賦」以悟主上，陳皇后復得親幸事，詳長門賦序。如果不是修養有素，或者靠注釋幫助，是很難一目了然的。有人譏他「掉書袋」，並非無因。

這首詞的大意，慨歎南宋的偏安之局不易久守，自己一直被派在後方，不能前敵殺賊，壯志難酬功業無望，通篇內涵豐富，用比興之法，雖傷國事，抒壯懷，而所借用來發揮者，如惜春之情、落紅、芳草、畫簷蛛網、怨春不語、此情誰訴、斜陽、烟柳，都是極美的意境，拿悲憤、沉鬱的情感加以襯托，便成了異彩。既不是豪壯的呼號，又不是兒女的怨慕，這便是辛詞所獨創的「對比手法」，此項寫作技巧，前人未嘗試過，特別加以分析說明。

四　陸游、釵頭鳳

紅酥手，黃縢酒，滿城春色宮墻柳，東風惡，歡情薄，一懷愁緒，幾年離索，錯！錯！錯！春如舊，人空瘦，淚痕紅浥鮫綃透，桃花落，閒池閣，山盟雖在，錦書難託。莫！莫！莫！

陸游，號務觀，生時他的母親夢到秦少游，故用秦的名號取名，後來，范成大帥蜀，聘他爲參議，兩人原爲文字交，俗不拘禮，然而帥府森嚴，人多譏游放誕，因此他索性自號「放翁」。原來名號反而不顯，大家也都跟著稱他爲陸放翁了！

他十二歲時詩文已是出類拔萃，廿九歲晉京應考，主考拔置放翁第一，秦檜之孫秦塤第二，觸怒了奸臣，因此，到殿試時藉放黜退了放翁，使秦塤自然成爲榜首，直到秦賊死後，此案經過平反，放翁才能復出。

放翁廿歲時，秉承慈母的意旨和表妹唐琬結婚，唐字蕙仙，不但才高貌美，又是他母親的內姪女，婚後生活是十分圓滿的，無奈他母親因寡居生活枯寂，見兒媳夫唱婦隨，深懷嫉妒，婆媳之間，頓成水火。放翁雖加以緩頰，諉稱送媳婦回娘家，在外賃屋居住。猶不能得母親的諒解，堅持非得離婚不可。放翁只好曲從母命，仳離後，蕙仙嫁同邑宗室子趙士誠，放翁也另娶王氏夫人。了此一段不幸的姻緣。

放翁卅一歲的那年春天，他獨自漫步到鎮上禹跡寺南沈氏故園閒逛，適逢蕙仙偕同夫壻在園中宴客，兩人見面黯然神傷，放翁尤其不克自持，暫停小憩。蕙仙徵得丈夫同意，撤來酒菜，由放翁獨酌，酒酣之際，放翁在牆頭題了一闋「釵頭鳳」，題寫完畢，悄然離去，傷心欲絕。等到蕙仙前來收拾盤碗，見牆上詞句，不禁大慟。也深深爲「同此受害」而感慨，於是，便依韻和了一闋：

世情薄，人情惡，雨送黃昏花易落，曉風乾，淚痕殘，欲箋心事，獨語斜闌。離！離！離！人成各，今非昨，病魂常似千秋索，角聲寒，夜闌珊，怕人尋問，咽淚粧歡。瞞、瞞、瞞。

沈氏故園本係遊憩之地，忽添此佳人才子之酬唱手筆，不久便傳揚開來。蕙仙受此打擊，不經年，便香消玉殞。至於放翁，目覩蕙仙手跡，悲不可抑，每年逢此日，必再度登臨沈園，作一番憑弔。

這是父母干預兒女婚姻，種下的惡果，千古同悲，使人太息。

五　高登、好事近

富貴本無心，何事故鄉輕別？空惹猿驚鶴怨，誤松蘿風月。

囊錐剛强出頭來，不道甚時節。欲命巾車歸去，恐豺狼當轍！

王鵬運談到，宋名臣言行錄上，有一段是：「胡銓貶新州，偶爲詞云云，張棣即迎檜意奏銓怨望，於是送南海編管流落幾二十年。彥先亦以發策忤檜被謫，事釁略同，棣遂牽合爲澹庵作。從來讒慝之口，含沙射影技倆，大率類此，可歎亦可笑也。」

高登字彥先。漳浦人，以忤秦檜被謫。和胡銓有同樣的遭遇。因此高詞才能牽強附會，指爲胡作。

胡銓，宋廬陵人，字邦衡，高宗時擧進士，授樞密院編修官，金人南侵，秦檜主和，銓上書乞斬秦檜，王倫、孫近，檜目爲狂妄，除名編管昭州。後迫於公論，命監廣州鹽倉，銓初上書，宜興進士吳師古鋟木傳之，金人嘗以千金募其書。乾道初，復入爲工部郞，致仕卒。死謚忠簡，入祀鄉賢祠。有澹庵集傳世。

據說在胡銓的澹庵長短句中，此詞寫成：

富貴本無心，何事故鄉輕別？空使（惹）猿驚鶴怨，誤薜（松）蘿風月。

囊錐剛要（强）出頭來，不道時節。欲駕（命）巾車歸去，有（恐）豺狼當轍。

「詞林紀事」中，僅有胡銓此闋，不刋高登事，未知孰是。

六　姜夔、揚州慢

淮左名都，竹西佳處，解鞍少駐初程。過春風十里，盡薺麥青青。自胡馬窺江去後，廢池喬木，猶厭言兵。漸黃昏，淸角吹寒，都在空城。

杜郎俊賞，算如今，重到須驚。縱荳蔻詞工，靑樓夢好，難賦深情。二十四橋仍在，波心蕩冷月無聲，念橋邊紅藥，年年知爲誰生？

詞前原序云：淳熙丙申至日，余過維揚，夜雪初霽，薺麥彌望，入其城，則四顧蕭條，寒水自碧。暮色漸起，戍角悲吟。予懷愴然，感慨今昔，因自度此曲。千巖老人以爲有黍離之悲也。

晚唐及五代之際，詞的形態，未出詩的臼窠，字數也和絕律詩不相上下，概稱爲令或小令，也稱小調，本書乙編李淸照詞末段，已約略言之，玆不贅。北宋初年，始有長調，稱爲「慢」，本詞與白居易江南好詞略似，皆原題本意，惟一不同，題中多一慢字，意指爲詠揚州之長調也。錢唐毛氏謂：「五十八字以內爲小令，九十九字至九十字爲中調，九十一字以外爲長調。」亦不過概括言之，難指爲古之定例。如雪獅兒詞有八十九字及九十二字兩種形式，七娘子調也有五十八字及六十字兩種，均介乎長、中調或中調、小令間，此種分類已是不攻自破，不能目爲詞之定例，甚爲明顯。其實，他的說法，乃是就周密的區分，作爲比較具體的歸納而已，並沒有甚麼價値。因此，我們也就不必以此作爲詞之分類憑藉了！

按揚州之歷史攸久，禹貢：「淮海惟揚州」，可知聲名久昭。今之稱揚州曰「維揚」云者，蓋取此以自炫，易惟成維，所以稍存謙虛，不願「惟」我獨尊也。隋唐以來，揚州更成爲一般人士嚮往之地，隋煬帝又大事經營，稱爲江都，唐宋以來，墨客騷人之吟詠烘托，揚州名震遐邇，遂引起異族之覬覦，宋高宗建炎三年，金人攻陷揚城，大事焚掠。紹興三十一年，金主顏元亮，又陳兵瓜州，孝宗興隆二年，金兵又渡淮水南下。堯章感於此十六年中之兵　四接，揚州於萬刼之餘，幾度遭逢不測，十室九空，元氣大傷。目睹四境之蕭條，故於孝宗淳熙三年冬至日，路過揚州時，感於昔日的歌舞徵逐，而今已成過眼雲烟，撫今追昔，宜有此愴然感觸，作詞寄慨也。

姜夔，字堯章，鄱陽人，蕭東父識之於年少客游，妻以兄子。因寄寓在吳興之武康，和白石洞天爲鄰，自號「白石道人」，工詩詞，精音律，能自度曲。本闋卽是他的自度曲之一，極負時譽，膾炙人口。

范成大對姜夔至爲欣賞，說他有裁雲縫月之手，敲金戛玉之聲。曾經以歌伎小紅贈他。白石善吹簫，每製成新詞，卽自吹洞簫，令小紅歌而和之，自得其樂。曾有詩記此云：

自作新詞韻最嬌，小紅低唱我吹簫。
曲終過盡松陵路，回首煙波十里橋。

白石的詞，主靈空，喜雕琢，多用故實，過份刻畫。張炎稱其不惟清虛，且又騷雅。讀之使人神觀飛越。所以沈伯時說，白石清勁知音，亦未免有生硬處。可是蒿廬師則解釋爲：「詞中之有白石，猶文中之有昌黎也！世固有以昌黎爲穿鑿生割者，則以白石爲生硬也亦宜。」因此，朱竹垞說。詞莫善於姜夔，宗之者張輯、盧祖皐、史達祖、吳文英、蔣捷、王沂孫、張炎、周密、陳允平、張翥、楊基皆具夔之一體，基之後，得其門者寡矣。然而，讀他的詞，有時像「霧裏看花，終隔一層」。因此王靜安指爲：「白石暗香疏影，調格雖高，然無一語道著。」也許這正是「主靈空」的受病處，却是誰也不能否認的。

吳興掌故集談到：「堯章長於音律，嘗著大樂議，欲正廟樂。慶元三年詔付奉常有司收掌，令太常寺與議大樂，時嫉其能，是以不獲盡其所議。人大惜之。」然而，硯北雜志則說：「堯章從奉常議樂，以彈瑟之語不合。歸鄱陽，過吳，見陸務觀，談其事，務觀曰，何不憶二十五弦彈夜月之詩乎！堯章聞之，不覺自失。」可見堯章當時，亦有疵可尋，乃至不獲盡其議，吳興掌故敍述先賢事，不免稍存忠厚耳！

七　史達祖、綺羅香

做冷欺花，將煙困柳，千里偷催春暮。盡日冥迷，愁裏欲飛還往。驚粉重，蝶宿西園；喜泥潤，燕歸南浦。最妨他佳約風流，鈿車不到杜陵路。

沉沉江上望極，還被春潮晚急，難尋官渡。隱約遙峯，和淚謝娘眉嫵。臨斷岸，新綠生時；是落紅，帶愁流處。記當日，門掩梨花，剪燈深夜語。

史達祖，字邦卿，汴人，生於宋高宗紹興二十五年，據四朝見聞錄所載，他做過韓侂胄的秘書，凡是韓的筆札，奉行文字，擬帖撰旨，多出其手，但往往用申呈的格式，乞求韓的批可後發出，使人覺得過分的恭敬，乃是下心降志，有失文人不亢不卑的本色。很多人瞧他不起，何況，他也沒有考中進士，本身無科名，也吃了很大的虧，所以在當日深受士林的唾棄。等到韓事敗，他也遭到池魚之殃，不但被彈刻，還受黥刑，成爲他一生最大隱痛。這種「過猶不及」的恭維，使他遭受士人的排斥，演成：「一失足成千古恨，再回頭已百年身」的慘劇，後悔莫及；因此，他那輕盈綽約，盡態極妍，別創一格的詞風，雖在南宋的詞壇上，成就了偉大光輝的史蹟，和白石、夢窗、碧山、叔夏、草窗諸子互爭短長，卻由於他的有學無行，不爲人重。宋史上也沒有他的傳記，可見「學」「行」必須兼具，缺一不可，縱然是學問再好，沒有品德，什麼也說不上！

他的詞境婉約飄逸，如同淡煙微雨，紫霧明霞，造詞方面，極盡輕俊嫵媚的能事，如像嬌花映日，綠楊着雨，使三春景色，躍然紙上，寫得細膩而不失眞，自然而不失趣。尤其，他描寫春日景色的詞章，更是膾炙人口，獨樹一幟，幾乎是無與倫比。能道出春之玄秘和蘊藏，嚴格地說起來，並不比秦少游遜色。而是；秦詞寫春景，柔媚中帶幾分和平淡雅之趣，史詞寫春景，則於柔媚中深具輕俊豔冶之姿。各有所長，各有所取，會心不遠，讀者當能自行領略也！

因此，樓敬思曾慨乎言之的說道：「史達祖，南渡名士，不得進士出身。以彼文采，豈無論薦，乃甘作權相堂吏，至被彈章，不亦降志辱身之至耶！讀其書懷滿江紅詞：好領靑衫，全不向詩書中得，……三徑就荒秋自好，一錢不值貧相逼。等句，亦自怨自艾者矣！其出京滿江紅詞，亦善於解嘲矣！又有留別社友龍吟曲，新亭之泣，未必不勝於蘭亭集也。乃以詞客終其身，史臣亦不屑道其姓氏、科目之困人如此，不禁三嘆！」實乃是達祖一生的寫照，其可以稱得上是文字知己也！

八

劉克莊、清平樂

宮腰束素，只怕能輕擧。好築避風臺護取，莫遣驚鴻飛去。
一團香玉溫柔，笑顰俱有風流。貪與蕭郎眉語，不知舞錯伊州。

本闋是克莊贈維揚陳師文參議家舞姬而作。此詞亦屬原題本意。與李白所寫清平樂令相同，均爲小令。不過李詞是先有詞然後有曲，劉作則依調填詞吧了。據說白居易長恨歌中：「回眸一笑百媚生，六宮粉黛無顏色」。蓋用李白清平樂令中：「女伴莫話孤眠」句而寫成的。

瀛奎律髓談到寶慶初，史彌遠廢立之際，錢唐書店老闆陳宗之會做詩，當時的詩人多和他有往還。宗之便搜集這些詩人的近作，刋刻「江湖集」出售。劉克莊也有梅花詩百首刋入。後有人控宗之的詩句，其中：「秋語梧桐皇子府，春風楊柳相公橋」是哀濟邸而誚彌遠，連克莊之詩，一併指爲訕謗。劈去江湖集刻板，二人皆坐罪。宗之坐流配，克莊免官。並詔禁士大夫作詩。直到彌遠死後，才得解除詩禁。克莊因作「訪梅詩」以自解云：

夢得因桃卻左遷，長源爲柳　當權。

幸然不識桃幷李，卻被梅花累十年。

當時被指爲梅花大公案。克莊歷事三朝，而晚節不終，年八十，乃失身諂諛賈似道，賀啓連篇累牘，議者非之，故雖負文名，爲當時一大宗匠，因品德不高，不爲後世所重。

劉克莊，字潛夫，號後村，莆田人，以蔭仕。淳祐中賜同進士出身。官至龍圖閣學士，工詩詞。在南宋的詞人中，他最推崇辛棄疾，所以他的詞，比辛更爲狂放、恣意。但其氣魄、風骨，卻不如辛。喜以白話入詞，又愛用典故。也許是受到辛詞的感染，常在詞中流露出悲時憂國的氣氛。可以稱得上是辛詞衣鉢傳人。

九 文天祥、大江東去

水空天闊，恨東風，不惜世間英物。蜀鳥吳花殘照裏，忍見荒城頹壁？銅雀春情，金人秋淚，此恨憑誰雪？堂堂劍氣，斗牛空認奇傑！

那信江海餘生，南行萬里，送扁舟齊發。正爲鷗盟盟留醉眼，細看濤生雲滅，睨柱吞嬴，回旗走懿，千古衝冠髮。伴人無寐，秦淮應是孤月。

此是天祥驛中言別友人之作。俠情壯志，直凌霄漢，最能表現出孤臣孽子口吻和壯士心志，習慣上，大家都知道「正氣歌」乃傳世之傑作，英聲流沛，不知此詞之作，歌聲無殊於易水，意境伯仲於稼軒，亦足以流傳千古也。惜爲選詞者所忽，不常見耳！

平心而論，由於文文山的正氣歌，慷慨激昂，驚天地而泣鬼神，和他的忠義貫日月，能互相輝映，光照人寰。相形之下，自然使本篇失色。不過，本書既非學術研究之作，不過搜羅若干有關詞的傳聞閒話，旨在談其人，趣其事，作爲酒後茶餘，談笑之資，自然就更要在「冷」「僻」

處下工夫了！特地在此一抒管窺，說明編纂之意旨，藉免誤會。

南宋一代，宰相能詞的，當以左相李綱開始，而以右相文天祥收場。李相有梁溪詞，文相也有文山樂府，其餘左相周必大的平園近體樂府，左相京鏜的松坡居士詞，右相吳潛的履齋詩餘，皆世所共知。尤以吳潛詞，更爲人所樂道。前章已經談到，此不贅。

一〇、吳文英、玉樓春

茸茸貍帽遮梅額，金蟬羅剪輕衫窄，乘肩爭看小腰身，倦態強隨閑鼓笛。
問稱家住城東陌，欲買千金應不惜，歸來困頓殢春眠，猶夢婆娑斜趁拍。

吳文英，字君特，號夢窗，四明人。他的詞當時甚負盛名，頗受周邦彥的影響。鍛字鍊句，協調音律，主雕琢，喜堆砌典故，往往晦澀費解，和姜夔如出一轍。因此，四庫提要中把他說成爲：「詞家之有文英，如詩家之有李商隱也。」這種撲朔迷離的詞章，有著美艷的外表，而不明朗，使人讀之如墮入五里霧中。所以張叔夏說，夢窗如七寶樓台，眩人眼目，折碎下來，不成片段。可謂一語道破，的是中肯。然而尹唯曉却認爲：「求詞於吾宋，前有清眞，後有夢窗，此非煥之言，天下之公言也。」未免強作解人，概括其餘，不能服衆。

夢窗對於塡詞的講究，有四大原則是：「音律欲其協，不協則成長短句之詩；下字欲其雅，不雅則近乎纏令之體；用字不可太露，露則直突而無深長之味；發意不可太高，高則狂怪而失柔婉之意。」已經能把握製詞重點，要言不繁。對後世的學詞，影響甚深。

武林舊事說：「都城自舊歲冬，孟駕回則已有乘肩小女，鼓吹舞綰者數十隊，以供貴邸豪家幕次之玩，而天街茶肆，漸已羅列燈毬等求售，謂之燈市。自此以後，每夕皆然。三橋等處，客邸最盛。舞者往來最多。每夕樓燈初上，則簫鼓已紛然自獻於下，酒邊一笑，所費殊不多，往往至四鼓乃還。自此日盛一日。吳夢窗玉樓春詞，深得其意態也。」正是爲此詞所作之最佳前言。

一一 鄧剡、南樓令

雨過水明霞，潮回岸帶沙，葉聲寒，飛透窗紗。懊恨西風催世換，更隨我落天涯。寂寞古豪華，烏衣日又斜。說興亡燕入誰家。只有南來無數雁，和明月，宿蘆花。

鄧剡，字光薦，號中齋，廬陵人。祥興時，歷官禮部侍郎。曾經擔任過文天祥丞相的幕客，厓山兵敗被俘，張宏範留教其子，後始獲放還，他的詞，充分訴說出亡國淒苦之痛慘。不但是寫實的作品，也是從體驗中生出來，字字血淚，不忍卒讀。適足以代表此一時期，文學上的自然趨勢。具備當時特殊情勢，產生出來的獨有詞風。

此詞或疑是文天祥，北行被執，途次信安時題壁之作，實則，光薦當時正在文幕府作客，爲文山捉刀。遂有此附會也！

二二　周密、一萼紅

步深幽，正雲黃天淡，雪意未全休，鑑曲寒沙，茂林煙草，俯仰今古悠悠。歲華晚，飄零漸遠，誰念我同載五湖舟。磴古松斜，厓蔭苔老，一片清愁。

回首天涯歸夢，幾魂飛西浦，淚灑東州。故國山川，故園心眼，還似王粲登樓。最負他秦鬟妝鏡，好江山何事此時遊。爲喚狂吟老監，共賦消憂。

周密，字公謹，號蕭齋，又號草窗。濟南人，自號弁陽嘯翁，宋亡不仕，和張炎、王沂孫、王易簡等結爲詞社，時相酬唱。他的詞工於詠物，與吳文英相類似，吳號夢窗，時人稱之爲「二窗」，即指周密、吳文英也。戈載曾指出：「草窗詞盡洗靡曼，獨標清麗。有韻秀之色，有綿渺之思，與夢窗旨趣相侔，二窗並稱，允矣無忝。」然而周止庵却以爲夢窗思沉力厚，草窗不免貌合神離，但草窗的鏤新鬥冶，固自絕倫，爲他人所不及。對草窗的批評，又更進了一層。平心而論，就詞壇地位和聲譽言，周密不及吳文英，不過，他晚年的悽愴感慨，洩於詞章，一種蕭瑟之情，油然紙上，使人興「故國之思」，這種感時之作，苟非親歷遭逢，是無法形諸筆墨的。時勢使然，這種意境，想要學也學不上。

此闋原注稱，因登蓬萊閣有感而作。按閣在紹興，西浦、東州，皆其地也。輿地紀勝指出：紹興郡治，在臥龍山上，蓬萊閣在郡設廳後。元微之有句云：「我是玉皇香案吏，謫君猶得近蓬萊。」公瑾即以此爲用意也。

一三 朱淑貞・生查子

去年元夜時，花市燈如晝。月上柳梢頭，人約黃昏後。
今年元夜時，月與燈依舊，不見去年人，淚濕青衫袖。

據說，朱淑貞是浙江海寧人。居住在寶康巷。但「西湖遊覽志」說他家在湧金門內，如意橋北，又有人說他是錢塘下里人，世居桃村。或許一處是娘家，一處是夫家。由於他家並非富豪顯貴，注意的人不多，也缺乏記載，因此，一些有關她的身世敍述，我們祇能從斷簡殘篇的故紙堆中，找尋和組織了！

她的父親在浙江爲官，幼年的生活頗爲理想，她不但聰穎過人，喜愛讀書做文，又工繪事，妙解音律，稱得上是位「才女」。不幸她後來嫁了一個市井匹夫，丈夫終日爲衣食奔波在外，甚至很少回家，她隨著公婆，爲家務操勞，又要伏侍兩老，生活的擔子，折磨得使她透不過氣來。縱使有滿腹經論，也不敢在翁姑前抖露。工作餘暇，也沒人可以促膝談心，這份哀愁和感觸，與日俱深，使她更能體驗到人生的價值，增長了才思和其眞實感。因此，她寫的詞，不像別人在吟風弄月，飄浮不定。却一字一句都是言之有物的寄慨和寫實，有一種鬱鬱不平之氣亟待吐露。這種寄慨遙深的詞章，不但內涵豐富，而且境界也高。可是，在當時却成了「沒沒無聞」，有被世人遺棄的痛楚。雖然，當時的古文名家曾鞏的弟媳魏夫人，從別人傳誦中，覺得朱淑貞詞的淸新婉麗，蓄意含情。能說出人心中事。曲意結交，但她的生活不自由，要受公婆擺佈的。爲此，魏夫人對她的影響，也就少得可憐，聊備一格而已！

直到朱淑貞死後，有魏端禮其人，將她的詩詞編輯成集，勉力搜集了她若干「斷簡殘篇」，題名爲「斷腸集」，這完全是由於她的詩詞中，常有「斷腸」兩字出現的緣故，其實，綜觀她的一生，却也有「斷腸嗟薄命」之慨，拿來稱呼她的集子，倒是十分恰當的。

本篇「生查子」，是她流傳下來僅有的詞章中，最受人稱道的一首，膾炙人口。但也有人「望文生義」，誣指她心中別有所愛，寫此遺懷的。實在有傷忠厚，也欠公平。按宋代對婦女之貞潔，要求最嚴。一個女郎如與男方解除婚約，往往終身爲人不齒，甚者親朋間斷絕往來。嚴重程度自可想見。淑貞爲才女，焉有不知道？縱有此事，也得遮掩，豈有大張其鼓，形諸筆墨之理？自然，由於丈夫不解風情，才幻想出另一境界作爲憧憬，也正是人情之常，豈可厚非？

本集紀略說：「淑眞是文公姪女。」歷代詞人姓名錄則曰：「與魏夫人爲詞友。」魏夫人是丞相曾布的妻子，司農少卿曾紆的母親。也便是唐宋古文八大家曾鞏的弟媳。究竟誰是誰非，不能確定。

六十二年元月初版的高級中學「國文」第四册一八二頁，選入此詞，指名爲歐陽修所作，作者小傳中指出，歐陽修詞，沿襲花間、南唐之餘風，捨其穠艷纖巧，近於馮延己，出之以幽雅典麗，溫和含蓄，自具深婉疏雋之致。集名「近體樂府」，明毛晉收入宋六十名家詞，改稱「六一詞」。別有醉翁琴趣外編，詞情俚俗，或以爲間有他人僞託者。對此詞之載在朱淑貞之斷腸集，是她流傳下來的詞彙中，最受人稱道，膾炙人口一節，隻字不提。竊以爲不當。難辭含混籠統，敷衍塞責之咎，願就管窺所得，就正於大雅。

民初清末，詞壇人才輩出，或有指此爲歐陽修作品，以明、楊愼升菴詞品所記爲證。並載在北宋仁宗時出版之歐陽修廬陵集第一三一卷，應屬可信，但未聞有人附和，足徵此事未可全信，坊間之詞書輩出，仍指此詞爲朱淑眞所塡，未見刪略。朱較歐陽爲晚出，其不能掠美他人之處，無待贅言。兩人相隔不遠，寧有其傳作抄襲自前人，當時無一人一語辨正者?

高中國文教科書，爲國立編譯館主編，例屬官方文書，自有其權威性。既已直指此詞爲歐陽修之作，是同意楊愼說法，排斥其餘，自宜說明選輯用心，對非朱之作，加以辨正，以釋羣疑。而符傳道、受業、解惑之本旨。須知高中學生之可塑性極高，凛於「先入爲主」之義，豈可保此緘默，啓來日之疑竇。對已知爲朱詞之讀者，更無一語析辨，無以服衆，無以自明。失之輕率，失之獨專，失之藐忽矣！

編者僅按：三國時，諸葛亮之後出師表，據傳係僞託武侯之作，考證鑿確，幾於無懈可擊。但迄今仍列入「古文觀止」中，目爲武侯之作，未見更張。所以愼加思考，留待更進一步，更具體資料之出現也。考證之難，在乎客觀正確，並非自圓其說，或有所標新立異而自炫也。

一四　蜀伎、鵲橋仙

說盟說誓，說情說意，動便春愁滿紙。多應念得脫空經，是那個先生教底。
不茶不飯，不言不語，一味供他憔悴，相思已是不會閑，又那得工夫咒你。

「齊東野語」談到，蜀伎多有能詩能文者，大概是受了薛濤遺風的影響。據說，當陸放翁自蜀中返回江南時，有位友人隨行，友人並自蜀中帶回一位伎女，爲了避免太太的爭吵，另行安置在別處居住，隔幾天前往探望一次，後來，偶爾因生病，好多時未去，使得此伎大爲惶惑，此公爲了自解，特地在病中做了一首詞，着人送往伎處，伎得詞，也依韻和了一闋，便是本篇的鵲橋仙詞，或有人毀謗陸放翁，說他曾自蜀中帶回一位女尼同居，實在是因此事而產生的附會。從齊東野語的敍記中，也可以體察到人言的可畏，幸而有野語的辨正，不然，放翁又將何以自解？

蜀伎或有說成蜀中奴的，其名不傳，不過，從這闋通俗、清新可喜的詞章中，可以窺見此伎的文學素養和造詣。所謂：「說盟說誓，說情說意，動便春愁滿紙。」眞是描盡文人的醜態。

一五　聶勝瓊、鷓鴣天

玉慘花愁出鳳城，蓮花樓下柳青青。尊前一唱陽關曲，別箇人人第幾程。尋好夢，夢難成。有誰知我此時情，枕前淚共階前雨，隔箇窗兒滴到明。

青泥蓮花記談到，李之問原在京師服官，後來外調，朋友替他餞行。設筵在名妓聶勝瓊處，聶性頗慧黠，又能通文墨，李一見鍾情，恨相見之晚。李將離京師，勝瓊在蓮花樓餞飲送別，唱一詞，末句是：「無計留春住，奈何無計隨君去。」李深受此詞感染，留住在勝瓊處，將近一個月，還不肯啓程。直到家中來書催促上道，只才黯然而別。過了十天，李在途中收到聶寄來的書函，其中乃是首詞，調寄鷓鴣天。便是本篇的詞章。之問看完，連忙收藏起來，藏在篋的底層，免得被妻子發現，不好解釋。可是當抵家收拾箱籠時，仍不免掉落了出來。其妻查詢經過，之問不便隱瞞，便一五一十的，說了個詳細。其妻見勝瓊的詞語清新可喜，不期然地也由衷地同情這位女婿，毅然掏出自己的粧奩之資，幫助之問爲勝瓊贖身，帶回家來。

勝瓊自隨之問回家，洗盡鉛華，重新做人。並恭謹委曲以事之問的妻子。隨之作息，料理家務。與以前判若二人。之問妻子亦多方曲護，不使她有任何不舒服的感覺，兩人彼此互愛互諒，終身和悅，沒有絲毫的嫌隙，使之問夫婦及勝瓊三人間，融融和氣。深深受到鄉里鄰居，和親友們的稱道！實在是此詞所撮合，間接而促成的。

一六　張淑芳、更漏子

黑痕香，紅蠟淚，點點愁人離思。桐葉落，蓼花殘，雁聲天外寒。
五雲嶺，九溪塢，待到秋來更苦，風淅淅，水淙淙，不教蓬徑通。

「西湖志餘」稱，張淑芳本是西湖一樵夫的女兒，理宗選妃時，被官府徵選出來。可是卻為奸賊賈似道，私自留了下來，作爲自己的侍妾。也就是德祐太學生百字令中所指的新塘楊柳也。淑芳雖然是錦衣玉食，在她冷眼旁觀，慧心的體察下，知道奸賊不會有好的下場，便暗地經營，秘密購置了一棟別業。木棉之後，潛往別業中，自度爲尼，青磬紅魚，修眞養性。很少人知道。如今在五雲山下，九溪塢尚有尼菴一所，正是淑芳過去修心之地。

淑芳被賈似道匿留爲妾時，有好事者，曾題詩於壁上，云：

山上樓臺湖上船，　平章醉後嬾朝天；
羽書莫報樊城急，　新得娥眉正少年。

分明對賈之大膽妄爲，知必不久。也正和淑芳具有相同的看法。

至於德祐乙亥，太學生所塡詞爲：

太學生、百字令

半堤花雨，對芳辰消遣，無奈情緒。春色尙堪描畫在。萬紫千紅塵土。鵑促歸期，鶯收佞古。燕作留人語，遶欄紅藥，韻華留此孤主。眞個恨殺東風，幾番過了，不似今番苦，樂事賞心磨滅盡，忽見飛書傳羽，湖水湖煙，峯南峯北，總是堪傷處。新塘楊柳，小腰猶自歌舞。

據「湖海新聞」的闡釋爲：三、四謂衆宮女行，五謂朝士去，六謂臺官默、七指太學上書、八、九謂只宣中在，東風謂賈似道，飛書傳羽，北軍至也，新塘楊柳，謂賈妾。也便是本詞的作者，張淑芳便是。

丁編：金元及明

一　完顏亮、鵲橋仙

停杯不舉，停歌不發。等候銀蟾出海。不知何處片雲來，做許大通天障礙。
虯髯撚斷，星眸睜裂，唯恨劍鋒不快。一揮截斷紫雲腰，仔細看嫦娥體態。

歸潛志載稱，完顏亮，金太祖完顏旻之孫，海陵人，卽今松江省地也。讀書有文才，爲藩王時，書人扇云：

大柄若在手；　清風滿天下

人知其有大志，正隆南征，至維揚，望江左賦詩云：

屯兵百萬西湖上；　立馬吳山第一峯。

鶴林玉露謂，其見柳永望海潮詞，至三秋桂子，十里荷花句，遂南下伐宋。其意義亦不淺。

詞統則說他見柳耆卿西湖詞，欣然有慕於三秋桂子，十里荷花，遂起投鞭渡江之志，乃密隱畫工於奉使中，寫臨安山水，復貌己之狀，策馬而立於吳山絕頂。題其上云：

萬里車書盡混同，江南豈有別疆封；
提兵百萬西湖上，立馬吳山第一峯。

分明是自我解嘲，有所憧憬也。當時，熙宗在朝，內掣於妬后裴滿氏，外厭權臣兀朮專橫，親戚內亂，盜賊外起，乃忿而酗酒，任意妄殺，太祖太宗子孫，殘殺殆盡。皇統九年十二月，亮與左丞相唐括辨等，合謀弒殺熙宗自立爲帝。改元天德，將國都內遷，自松江至燕京，即今之北平市是也！正隆五年，親率大軍六十萬，南下伐宋，采石一戰，在今安徽當塗地方，爲宋將虞允文所敗，回師瓜州，亦爲其部下所弒。

亮爲人慓急，猜忌殘刻，有權術，稍涉經史，好大喜功，智足以拒諫，言足以飾非。詞苑叢談指出，他的詞章，出語倔強，咄咄逼人。藝苑雌黃則指爲，俚而實豪。其實，他的詩詞，傲岸不羣，多暴露而少涵蓄，欠缺養氣工夫，是其所短耳！但遼金詞人，以漢族爲多，元好問中州集錄二百四十六人中，眞正金人，惟完顏璹、耶律履二人而已，此詞未嘗不是爲金國主之能詩詞，聊備一格也！

二一　吳激、人月圓

南朝千古傷心地，還唱後庭花。舊時王謝，堂前燕子，飛入人家。恍然一夢，天姿勝雪，宮鬢堆鴉。江州司馬，青衫淚濕，同是天涯。

白雨齋詞話談到：「洪景盧的尊翁在燕山時，接受張總侍御的邀宴，張府中佐酒侍兒，有一人意狀摧抑可憐，經過查詢，原來是宣和殿中小宮姬也。坐客翰林直學士吳激，作詞記之，聞者揮涕。」

中州樂府也說：「彥高作此詞時，宇文叔通亦賦念奴嬌一闋。宇文詞先成，頗近鄙俚。及彥高詞成，叔通見之，悵然自失，遂揖棄自作，未曾公布。後來，有人求宇文作樂府時，叔通即爲彥高轉薦，批云，吳激近以樂府名天下，可往求之。竟不肯再作。」

陳廷焯以爲：「五代詞人，自以吳彥高爲首選，能於感慨中饒伊鬱，不獨組織之工也。」

陶宗儀輟耕錄曰：「金人大曲，如吳彥高春草碧、蔡伯堅石州慢、鄧千江望海潮，與蘇子瞻百字令・辛幼安摸魚子相頡頏。」

吳激，字彥高，宋宰相栻之子，米芾之壻，出使金國被留置，便在那兒安身立命，累官至翰林侍制，皇統初，出任深州知府。

竹坡詩話談到，金九主一百十八年間，獨蔡松年丞相樂府與吳彥高東山樂府，膾炙藝林，後人稱爲「吳蔡體」。

三　蔡松年、鷓鴣天

秀樾橫塘十里香，水花晚色靜年芳。胭脂膚瘦薰沈水，翡翠盤高走夜光。山黛遠，月波長。暮雲秋影蘸瀟湘。醉魂應逐凌波夢，分付西風此夕涼。

按王若虛、滹南詩話稱：「蔡氏樂善堂賞荷詞，胭脂二句，世多稱之。此聯誠佳，然而蓮體實肥，怎可言瘦，予友彭子升改「瘦」字爲「膩」字，此似差勝。」

中州樂府談到，蔡丞相鎭陽別業，有蕭閒堂，自號蕭閒老人，百年以來樂府，推伯堅與吳彥高二人，號爲「吳蔡體」。

然而黃昇詞選，錄吳詞去蔡詞；周密詞選則反之，錄蔡不錄吳。劉祁、王若虛，不滿蔡氏，以非吳氏敵也。蕭眞卿指出，吳、蔡二人皆宋儒，若謂金人詞家，宜自蔡珪開始。按蔡珪，字正甫，爲松年長子，次子璋，字特甫，二子俱第進士，號稱文章家。正甫乃是國朝文宗，特甫稍有不逮，如此言來，蔡氏可謂有子矣！

按蔡松年，字伯堅，父靖，除眞定府判官，遂爲眞定人，累官吏部尙書，參知政事，遷尙書左丞，封郜國公　其子蔡珪，爲金源文派正宗，而其詞僅見江城子一闋，附於松年集後，何正甫之詞闕如也？

茲附錄珪詞如次：

蔡　珪、江城子

鵲聲迎客到庭除，問誰歟？故人車。千里歸來塵色半征裾。珍重主人留客意，奴白飯，馬青芻。

東城入眼杏千株，雪模糊。府平湖，與子花間隨分倒金壺。歸報東垣詩社友，曾念我？醉狂無？

四

元好問、虞美人

槐陰別院宜清晝，入座春風秀，美人圖子阿誰留，都是宣和名筆，內家收。
鶯鶯燕燕分飛後，粉淡梨花瘦。只除蘇小不風流，斜插一枝萱草鳳釵頭。

「七修類稿」提到，蘇小小共有二人，都是浙江錢塘的名妓。一是南齊人，另一是宋人，宋蘇小小有個姊姊名叫盼奴，也有豔名，和太學生趙不敏情好甚篤，不敏家貧，讀書費用全靠盼奴週濟，後來不敏功名成就，授官襄陽府司戶，盼奴未能落籍同行，不敏到任三年思念盼奴成疾，病逝於任所，死前拜託他的弟弟趙院判，要他將官中積餘的廉俸，專程送給盼奴。同時告訴他，盼奴的妹妹小小，十分俊秀可愛，更喜吟咏，希望他與小小能結合，使盼奴也有照應。院判遵兄遺命，專函錢塘，拜託在那兒擔任錢塘縣倅的一位宗親，代為查尋，將此款轉交給盼奴。縣倅命差官尋找，帶回一老蒼頭復命說，盼奴於一月前已病逝，問到小小，也因故繫在於潛縣監獄中，於是錢塘縣倅再行設法從於潛獄中提來小小查問，原來盼奴積欠於潛縣官絹未納，因此受牽連，小小藉機請求幫忙，倅便問小小，妳知不知道有趙司戶其人？小小回說，姊因思念司戶情殷，才一病不起的，縣倅告訴她，司戶也因思念盼奴成疾，不久前去世。遺囑要把祿俸餘資贈給盼奴，另外還有司戶的弟弟院判給妳一函，小小表示不認識院判，縣倅說，妳不妨拆下來看看，原來是一首詩，道：

昔時名妓鎮東吳，　不戀黃金只好書；
借問錢塘蘇小小，　風流還似大蘇無。

小小見詩，默默良久。看來已深受此詩的感染，縣倅勸她何不也和一首，小小和道：

君住襄江妾住吳，　無情人寄有情書。
當年若也來相訪，　還有於潛絹事無。

倅大喜，便撮合小小和院判的好事，成爲佳偶。

元詞中所謂「只除蘇小不風流」，便是引述上段故事。「詞林紀事」也談到，元遺山作做虞美人詞，既說鶯鶯燕燕，後說蘇小小，分明是指趙司戶所提的，乃是宋蘇小小，而「輟耕錄」中卻又備載數事，辯爲南齊蘇小小，混淆不清。不過，「春渚記聞」載，小小墓在錢塘縣衙之後，錢塘門邊，去西泠橋不遠。古詞有：

何處結同心，　西泠松樹下。

詩中所指，實係南齊蘇小小的墓。而元朝張光弼的蘇小小墓詩：

香骨沉埋縣治前，　西泠魂夢陽風煙；

好花好月年年在，　潮落潮生更可憐。

原注說，墳在嘉興縣前，今爲民家所占，此必是宋蘇小小墳。因爲趙不敏是吳人，他的弟弟既取小小終老，歸葬嘉興，也是極其自然的事。由之，輟耕錄的說法，未必完全正確。

元好問，字裕之，太原秀容人。興定三年登進士第，不就選，數年除南陽令，調內鄉，歷尙書省椽，左司都事員外郎，天興初，入翰林知制誥，金亡，不仕。元世祖在藩邸，聞其名，將以館閣處之，未用而卒。世稱遺山先生。

據說，裕之七歲便能吟詩，有神童之目，十四歲從郝天挺學，六年學成。渡太湖，作箕山琴臺等詩，名震京師。謂之「元才子」。晚年，以著作自娛。謂金源氏實錄，在順天張萬戶家，國亡史興，己所當任。或有人掃他的興，勸他不必多此一舉，他的回答是：「不可使一代之迹，泯而不傳。」在家構亭，名曰「野史」。采摭所聞，以寸紙細字，輒爲記錄，往往累積至數百萬言故金史之成，元好問與有力焉！

五　張弘範、臨江仙

千古武陵溪上路，桃源流水潺潺，可憐仙侶剩濃歡，黃鸝驚夢破，青鳥喚春還。回首舊游渾不見，蒼烟一片荒山，玉人何處倚闌干，紫簫明月底，翠袖暮雲寒。

張弘範，字仲疇，定興人。蔡國公柔第九子，善馬槊，頗能爲詩詞。續古今詞話指出，淮陽樂府多作誇大語，像本闋的：「紫簫明月底，翠袖暮雲寒」便是。風調不減晏小山，可見元之武臣也有能詞的。

弘範在中統初，授行軍司馬，與宋軍轉戰於襄陽建康一帶，中統十四年積功授鎭國上將軍，江東道宣慰使。十五年，宋張世傑立廣王昺於海上，閩、廣響應，命弘範往平之。授蒙古漢軍都元帥，自揚州選將校水陸二萬，分道南征，以弟弘正爲先鋒。次第逼近宋軍主力，十六年正月，在崖山與宋軍舟師千餘艘遭遇，二月擊潰宋師，宋臣陸秀夫，抱主昺赴水死。結束宋朝三百廿年之統治，於是在磨崖山之陽，勒石：「張弘範滅宋處」紀功而還。

由於張弘範身爲漢人，授蒙古漢軍都元帥，乃是爲異族戈伐同胞而戰，頗爲時人所譏。因此在他刻石崖山碑上，或有人在碑之上端，再加上一個宋字，變成：「宋張弘範滅宋處」，寓貶寓褒，盡在此增添的一字中，生出妙文。後世認爲此一字之增，足以暴露張弘範的爲虎作倀，認賊作父，則罪莫大焉。也就是文文山所指民族正氣的關鍵所在。

張弘範因刻石所產生的一字褒貶，耐人尋味，比起他的詩詞，更能引人入勝，特地在此提出來，藉供欣賞！

六

趙孟頫、後庭花

清溪一葉舟，芙蓉兩岸秋，採菱誰家女，歌聲起暮鷗。亂雲愁，滿頭風雨，帶荷葉歸去休。

邵復孺談到，趙孟頫以承平王孫，而嬰世變，黍離之悲，有不能忘情者。其長短句，深得騷人意度。

趙孟頫，字子昂，自號松雪道人。乃是宋朝宗室嫡傳，前面已經談到，不再重複。生於宋理宗寶祐二年，宋室覆亡時，他才廿三歲，後因御史程鉅夫的推薦，以過氣王孫的身份，任元朝官吏，累官至翰林學士承旨。承旨雖然官名的後半段，卻說明了官職的性質，乃是秉承聖旨做事，如同今天的侍從秘書差不多。所以有人稱他趙承旨。分明是諷刺他的認賊作父。由於民族氣節的喪失，使他一失足成千古恨。受到後世的唾罵嗤笑。在當時，甚至他的從兄趙孟堅，不齒乃弟的行爲，拒絕往來。當他從吳興到嘉興，拜訪乃兄時，孟堅竟閉門不納，經過從嫂的斡旋，才勉強允許孟頫自後門進來，坐定後，孟堅僅問他吳興近況如何，回答說甚好！孟堅不禁歎了一口氣，說出：「河山依舊，風景不殊。」的話來！孟頫自知沒趣，匆匆告退。孟堅立刻命人將他坐過的椅子，用清水洗淨，說東西受到沾污不可不洗，張庚也責以：「餓死事小，失節事大」非議他，傅青主甚至批評他的詩詞書畫，氣格不正，皆因心術壞而手隨之。可見，個人的氣節是永垂千秋萬世，比生命久長得多。如果貪圖一時的得失，導致遺臭萬年，分明是患了短視的毛病，後悔莫及的！

他的詩詞書畫，無一不精，在藝壇上的造詣，稱得上是當時的巨擘！他的學習態度，是師古而不泥古，將古人的優點，熔鑄於自己的思想和創意中。他畫的馬，最受時重。對於作畫要訣，認爲要以古意才行，若無古意，雖工無益。人但知用筆細膩，敷色濃艷，便是能手。不知古意既虧，百病叢生，沒法欣賞了！他的畫，能兼收唐及北宋的偉雄氣象，卻無軟弱或粗曠之風，實在是從學習中領悟創新而得。他的詩詞也寫得很好，元史評爲：「才氣英邁，詩文清遠神采煥發，讀之使人有飄然出塵之慨。」元仁宗曾將他譽爲當時之李白、蘇東坡。祇因他的書法更爲出色，深得右軍之神韻，兼擅篆、籀、行、草諸體，尤以楷書爲工絕，蔚爲一代宗匠。作畫的聲譽，次於書法，詩又次之，詞再次之。詩詞之名，爲書畫所掩，不受重視罷了！

至於後世對他的看法，都認爲他的經濟文章，冠絕時流，旁通佛老之學，其詩清邃奇逸，書畫尤爲擅名，祇以生時不顧大節，影響所及，使其藝壇聲譽，深受打擊，未嘗不是白璧之玷！

他雖入仕元朝，貴爲承旨，深受元世祖器重，列位右丞相葉李的上面。卻受到多人的諫阻，說他是宋宗之子，不宜使近左右。世祖不聽，等到要重用他時，卻受羣臣的竭力反對因此作罷。當他授兵部郎中時，偶因上班遲到受到笞責，孟頫上告到都堂，丞相桑哥加以安慰，從此規定，笞責僅曹史以下，但他的受笞，何嘗不是同殿官員，嫉忌孟頫的受恩寵，鄙視他的大節，來借題發揮的呢！可見其在精神上所受的刺激，也是夠瞧的了！

根據稗史的記載，宋亡後，子昂家產已廢，生計清貧。一天，有二道士登門求書，僕人入內通報：「有兩居士求見」。子昂正是沒處發洩，對僕人道，是甚麼居士，香山居士麼？東坡居士麼？這些吃素的風頭巾，怎麼也稱居士。」他的夫人管仲姬聽到，出來解圍說：「相公不要恁地急燥，有錢買得物事。」便招呼兩道士進來，相見後，道士拿出紋銀十錠，表示來意說，今有菴記，是牟教授所作，求相公法書，此銀權爲潤筆之敬。子昂心中歡喜，情不自禁地，向僕人高呼道：「將茶來，與兩位居士吃！」並與談笑多時這才辭去。

也許由於他的經濟文章，和藝事高華，有心出來露一手，也許由於鼎革入元後的生活貧困，這才使他有出仕的意圖，正好得到程鉅夫的推薦，機緣湊巧，使他得在仕途，穎脫而出，卻也因此遭到當時及後世太多的責備。衡量當時情況，似又無可厚非。

續古今詞話也談到，趙承旨與管夫人伉儷相得，倡和甚多，其子仲穆待制，有水調歌頭詞，備言興亡骨肉之感，意其父子之仕，亦有不得已者。按仲穆名雍，乃孟頫仲子，以蔭守昌國海寧二州，歷遷至翰林院待制。有詞名，但無刋本。

趙　雍、水調歌頭

春色去何急，春去尚微寒。滿地落花芳草，漸覺綠陰圓。馬足車輪情味，暑往寒來歲月，擾擾十餘年，贏得朱顏老，孤負好林泉。寶粧鞍，金作鐙，玉爲鞭。須臾得志，紛華滿眼縱相漫，功名自來無意，富貴浮雲何濟，於我亦徒然。萬事付一笑，莫放酒杯寬。

詞林紀事也說，趙仲穆的凭闌干、水調歌頭二闋，頗以孤忠自許，紛華是薄，而興亡骨肉之感，默寓其中，意其父子之仕，亦實有不得已者，良可悲也。

七

管道昇、我儂詞

爾儂我儂，忒煞情多。情多處熱似火，把一塊泥捻一個你，塑一個我。將咱兩個一齊打破，用水調和，再捻一個你，再塑一個我。我泥中有你，你泥中有我。我與你生同一個衾，死同一個槨。

自從此詞用作歌詞，會唱的人着實不少，可是知道它來歷的人，並不太多。原來，趙子昂仕元，貴爲承旨，不但一掃亡國賤俘的寒酸苦況，反而是衣金腰紫，躊躇滿志，不免起了「飽暖思淫慾」之心，想討個小老婆，以娛晚景。但他和管氏夫人情好甚篤，又不便啟齒。因此，這才想出一條妙計，塡詞一首，送給夫人作爲試探，原詞是：

我爲學士，爾作夫人。豈不聞王學士有桃葉、桃根，蘇學士有朝云、暮雲？我便多取幾個吳姬越女無過分；爾年紀已過四旬，只管占住玉堂春。

詞意是十分明顯的，句句實話。仲姬見了，也不打話，照樣回敬了一首，也便是上面的這首情詞，雖然不像趙詞那麼坦率，比起來，卻夠韻味得多了！子昂見了夫人的詞，這才罷了娶妾的念頭，由之，此詞的身價，也就不言可喻了！

按管道昇，字仲姬，能詩詞及畫，皆不學自工，畫竹尤爲出名，曾有墨竹譜一篇傳世，對後世之學繪事者，甚多裨益。

八

張翥、六州歌頭

孤山歲晚，石老樹槎枒。甫仙去，誰爲主，自疎花，破氷芽。烏帽騎驢處，近修竹侵荒蘚，知幾度，踏殘雪，趁晴霞。空谷佳人，獨耐朝寒峭，翠袖籠紗。甚江南江北，相憶夢魂賒，水遶雲遮，思無涯。

此張翥詠西湖孤山尋梅詞也，「詞統」認爲，蛻巖詞有飛鴻戲海，舞鶴遊天之妙。甚至說成古今詠梅之詞甚多，惟有此詞出類拔萃，可見受時人重視之程度。

張翥，字仲擧，晉寧人。至正初，以薦爲國子助教。不久，退居淮東，會修宋、遼、金史，起翰林國史館編修官。累遷太常博士，國子祭酒，集賢學士，以翰林學士承旨致仕。有蛻巖集樂府三卷行世。他的詞，周旋曲折，純任自然。被公認爲可以代表元朝的極盛時期。縱觀元代有國的八十八年中，人民分爲十等，儒列第九。已不若過去的所謂士、農、工、商；「萬般皆下品，惟有讀書高」的特殊際遇。何況，取士以曲不以詞，所以元曲之名，和宋詞而並盛。因此有人指出，元人詞其流利者每似曲，又多合爲一編，易於相混。這和元代的尚武輕文，似乎也具有相當影響。成吉思汗的率兵遠征中亞細亞，擊潰俄羅斯聯軍，使被俘被殺的俄人，高達百分之九十以上，禁聲龜縮，再也不敢和蒙軍抗衡。而我國疆土，一時也跨歐亞兩洲。武備上大放異彩，文事上，就不免相形失色了！

自從張翥歿後，元室也從盛極而衰。能曲的人愈多，詞人卻愈來愈少。後繼無力趨於衰頹，所謂曲愈工而詞愈晦，何嘗不是由時勢演變而形成。

九

倪瓚、人月圓

驚回一枕當年夢，漁唱起南津，畫屏雲嶂，池塘春草，無限消魂。舊家應在，梧桐覆井，楊柳藏門，閑身空老，孤蓬聽雨，燈火江村。

倪瓚，字元鎮，無錫人，他的居所，幽迥絕塵，有清閟閣，閣中存書數千卷，皆手自校定，盡日成誦，古鼎彝名琴，松蘭桂竹，終日逍遙於高木修篁間，杖屨自隨，不啻人間仙境世外桃源也。雲林好潔成癖，每盥洗，必換水數次，着冠服時，更是頻頻拭拂，常因此誤事，亦不顧也。每見俗人，避之惟恐不及，客非佳流，概不接納。嘗有外邦使者入貢，道經無錫，聞元鎮大名，欲求一見，以沉香百斤爲贄。元鎮命人推說他適外出不在家，使者明日再造，元鎮又央人推說去探梅花，竟不願接待。但卻命人開啟客所招待使者，堂中東設古玉器，西設古鼎彝尊罍等古物，使者愕然，驚顧間，問其家人曰，聞有清閟閣，可一飽眼福否?家人曰，此閣非人所易入，且吾家主外出，無法開啟。使者望閣拜謝而去。終不得一見。

又聞張士誠有弟士信，知元鎮善畫，使人持絹，侑以重金請求其筆。元鎮聞之大罵道，倪元鎮不能爲王門畫師，怒而將絹寸裂而去。士信深啣之，正好有一天，士信與諸文士遊太湖，巧遇元鎮，怒欲殺之，諸人求救得免，然猶吃了士信一鞭，元鎮竟一言不發。回至家中，或有人問起君被士信羞辱，甚至挨鞭打，何以一語不發，元鎮道，一說便覺俗氣了，由他！眞可算得上是位通達之士。

「詞苑」談到，元鎮的詞意高潔，宛轉而多風采，正和他的潔癖，有性格上的相似。

倪瓚也工於繪事，他敬仰吳鎮的爲人，曾取吳題畫的「漁歌子」，自繪一軸，用其中漁翁來自況，按此詞已在本書甲編張志和、漁歌子詞中介紹過，此處不再重錄。

他預知天下將有事，乃盡散其家財，一葉扁舟，往來湖泊間。前面談到他自繪的一軸，也許正是他早已預料的。

他另有贈妓小瓊英的柳梢青一詞，爲五十字體詞，和詞律所收的四十九字二體均不相同，且爲詞譜所未收，特地介紹於次：

倪瓚、柳梢青

樓上玉笙吹徹。白露冷飛瓊珮玦。黛淺含顰，香殘棲夢，子規啼月。

揚州往事荒涼，有多少愁縈思結。燕語空津，鷗盤寒渚，畫欄飄雪。

「詞苑叢談」指出：「雲林詞以淡潔勝，此詞又何其婉轉多風如是。」因是其體既異，其風又變，特爲介紹如上。

一〇 拜住、菩薩蠻

紅繩畫板柔荑指，東風燕子雙雙起，誇俊與爭高，更將裙繫牢。
牙牀和困睡，一任金釵墜。推枕起來遲，紗窗月上時。

樂府紀聞引元人小說談到，拜住，仁宗延祐中少年平章也。嘗以詠秋千菩薩蠻、詠鶯滿江紅二詞，乞婚於孛羅氏，世以爲佳話。

按宣徽院使孛羅，有杏園，春時，諸女設秋千爲戲，適樞密同簽帖木耳不花子拜住，立馬墻頭，窺一女絕色，因求婚焉。孛羅令賦秋千，拜住成菩薩蠻一闋，卽本篇也。詞意可喜，遂以女許之。

拜住，字聞善。康里人，以材累官至翰林國史院都事，爲太子司經。明兵至拜住謂家人曰：我家累世通顯，我又生長在中原，讀聖賢之書，而可不知大義乎！食君祿，忠君事。今日國破，何忍見之，與其苟生，不如死。從容投井殉國，家人瘞之舍東，將其書籍悉焚爲殉。

二一　竺月華、江南春

江南柳、嫩綠未成陰。攀折尚憐枝葉小，黃鸝飛上力難禁，留取待春深。

「留青日扎」說，元時，明州有女子柳含春，年方十六歲，亭亭玉立，一天，去廟中求神降福，在殿上款款而拜，正好被一個名叫竺月華的少年僧人，窺個正着，欣賞她的美姿容，詩興大發，便以她的姓名「柳含春」爲題，成了上闋的江南春詞。甚至當場吟唱給她聽，含春聽了也不打話，匆匆返家，將此事向乃父禀告，乃父大怒，便帶同到官衙狀告僧人無理。宰官方國珍，卽令拘竺月華前來問訊，得實。由於僧人不守清規，犯了戒條，準備把他投入江中溺死。月華從容不迫的向方國珍禀明說，要我死，固然是應得之罪，死而無怨。可否容許小僧進一言。國珍允許後，竺月華又復吟江南春云：

江南月，如鏡亦如鈎。如鏡未臨紅粉面，如鈎不展翠幃羞，空自照東流。

國珍聽了，笑而釋之。

一一、崔王氏、臨江仙

少日風流張敞筆，寫生不數黃筌。芙蓉畫出最鮮妍，豈知嬌艷色，翻抱死生寃。粉繪淒涼餘幻質，只今流落誰憐。素屛寂寞伴枯禪，今生緣已斷，願結再生緣。

「詞苑叢談」說，元至正年間，眞州人崔英，家中極爲富有，少工書畫，補浙江永嘉縣尉。攜帶妻王氏及家藏，乘舟到任。道經姑蘇，舟人暗窺崔之資財甚豐，夜半將崔英推入江中，留下王氏備作兒媳。王氏不敢違拗，佯爲應允，乘間奔岸，逃往尼菴暫避。如此年餘倒也相安無事。一天，忽有人向尼菴施捨「芙蓉畫」一軸，王氏認識知爲丈夫手筆。向老尼查問施主誰何。老尼告訴她，這兒有顧阿秀弟兄倆，操舟爲業。頗有閒言閒語，說兩兄弟曾經因謀財害死人命，但因事無佐證，只是傳聞而已！這幅圖便是他兄弟倆佈施的。王氏聽了十分動容，知道正是殺夫的仇人，但自己勢孤，不敢打草驚蛇，祇有權且忍耐，便在原畫上，題了這首「臨江仙」。

由於此畫的繪事精美，不久，便有人將它自尼菴價購，獻給御史高公。眞是無巧不成書，當崔英被船夫顧阿秀兄弟推入江中時，因他自幼曾習泅泳，乃是潛水高手，命不該絕。掙扎游泳到江邊，登岸後，靠賣文糊口，高御史見其草書善美，遂延聘他到府中，擔任館客。崔英見有人獻送御史的畫，正是自家失落之物，又多了妻子的題詠，爲之泫然。高御史覺得奇怪，加以查問，崔英遂將前事，說了一個大概。高御史立刻派人追查，終於將顧阿秀兄弟抓到，繩之以法。王氏夫人得悉丈夫未死，趕去御史府中見崔，夫婦相見，恍如隔世。復慶團圓焉。

資財可以滿足一己的享受，卻也可以賈禍，「翻抱死生寃」。可見金錢並非萬能。有些事，再多的錢也辦不來。相反的，錢多了也許會惹事端。過份重視金錢和資財的人，寧不以此爲戒？

元人詞，至張翥而衰。崔英妻之詞，並非精警之作，其人亦不見經傳，祇以此一故事，膾炙人口，詞因事備，足博一粲。

一三　陳子龍、蝶戀花

雨外黃昏花外曉，催得流年，有恨何時了！燕子乍來春又老。亂紅相對愁眉掃。

午夢閑刪歸夢杳，醒後思量，踏徧閑庭草。幾度東風人意惱，深深院落芳心少。

陳廷焯白雨齋詞話，首先談起，詞興於唐，盛於宋，衰於元，亡於明。再振於清初，大暢於乾隆、嘉慶期。明代無一工詞者，差強人意，不過一陳人中而已！

王士禎倚聲集以爲，詞至雲門、湘眞諸集，意內言外，已無遺議，柴虎臣所謂華亭腸斷，宋玉魂消，所微短者，長篇不足耳！

明末詞人，必以陳子龍爲之冠。其他如鐵鉉浣溪沙，夏完淳卜算子，雖未見其工，直同宋韓蘄王、文信國之一股忠義之氣，受後人景仰，皆詞以人傳耳！惟鐵鉉所傳浣溪沙，花間集指爲李珣詞，明詞綜又指爲鐵鉉詞，莫衷一是，爲不可解耳！

一四　夏完淳、卜算子

秋色到空閨，夜掃梧桐葉。誰料同心結不成，翻就相思結。　十二玉欄干，風外燈明滅。立盡黃昏　幾行，一片鴉啼月。

汪端明三十字詩選稱：「存古五歲通五經，九歲善詩文詞，十五從軍，十七授命，所著玉樊堂集，王阮亭歎爲再來人，父子死國，尤難得也。」

夏完淳，字存古，華亭人。明考功郎夏允彝子，清師南下，允彝從總兵吳志葵起兵吳淞江，事敗，投松塘死。完淳亦參軍事，復興陳子龍等歃血舉義，爲清軍所執，逮至金陵，見督師洪承疇，洪欲寬釋之，謬曰，少年亦能叛乎！完淳答曰，不然！爾乃老叛，我忠臣，何叛乎？」長笑就刑，年僅十八。著有玉樊堂集傳世。

一五 張姬、蝶戀花

記得紅橋西畔路，郎馬來時，繫在垂陽樹；漠漠梨雲和夢度，錦屏翠幙留春住。

有明一代，婦女在文學上具有造詣的人不多，張姬可以稱得上是「鳳毛麟角」。相傳，張的夫壻林鴻，文才豐茂，婚後生活，夫唱婦隨，品詩談詞，十分恩愛。林因求取功名，離家去金陵，臨行，塡詞一闋別愛妻云：

鍾情太甚，人笑我到老也無休歇。月露烟雲多是恨，況與玉人離別！軟語叮嚀，柔情婉戀，鎔盡肝腸鐵。岐亭把酒，水流花謝時節。

應念翠袖籠香，玉壺溫酒，夜夜銀屏月。蓄喜含嗔多少態，海嶽誓盟都設。此去何之，碧雲春樹，合晚翠千疊，圖將羈思，歸來細與伊說。

姬見詞，也依韻和了一闋是：

鳳凰山下，玉漏聲恨今宵容易歇。一曲陽關歌未畢，棲鳥啞啞催別。含怨吞聲，兩行珠淚，

漬透千里鐵，柔腸幾寸，斷盡臨歧時節。還憶浴罷畫眉，夢迴攜手，踏碎花間月，謾道胸前懷荳蔲，今日總成虛設。桃葉渡頭，河氷千里，合凍雲疊疊。寒燈旅邸，熒熒與誰問說？

然而造化弄人，林鴻在金陵，功名不就，年復一年羈身客地，只好以詞寄意，塡「摸魚兒」一闋云：

記得紅橋，少年游冶，多少雨情雲緒，金鞍幾度歸來晚，香靨笑迎朱戶。斷腸處，半醉微醒燈暗夜語深。問情幾許？情應似吳蠶吐繭，撩亂千萬縷。

別離處，淡月乳鴉啼曙，淚痕深，紅袖汚。深懷遐想何年了？空寄錦囊佳句。春欲去，恨不得長纓繫日留住。相思最苦，莫道不消魂，衷腸鐵石，涕淚也如雨。

張獲此詞，知夫壻歸期杳冥，相思之情，與日俱增，居常鬱鬱，遂因此而感念成疾，不久即香消玉殞。等到林鴻自金陵歸來，早已人去樓空。但見床頭玉佩玦懸掛一囊，囊中即張姬遺作「蝶戀花」也！林一慟幾絕。

由於林、張定情在紅橋，後人便以「張紅橋」名姬。

了相思一夜遊（子），敲開金鎖門前鈕（丑），正值夤夜夕陽收（寅），柳腰要抱着半邊（卯），紅唇兒還未到口（辰），口吐舌尖軟如鈎（巳），還有玉杵在身邊，不是木頭削就（午），二八中間直入，挑起脚尖頭（未），呻吟口罷休（申），壺中酒點點不留（酉），倦來人似干戈後（戌），只恐生下孩兒，子非我有（亥）。

咫聞錄：「浙江甯波有位名士，姓屠名滽，號赤水，是明朝的尚書，和徐文長相交最善。秀才時喜歡惹草拈花，常到妓院廝混。一天夕陽西下，偶爾漫步經過一個心愛的妓女門前，正想前往尋歡作樂，却被妓女在門口阻擋住，正色對他說，別人都喜愛金錢，但我却喜歡詩文，現在我想考考你，如果文章做得好便留你，否則請自便。赤水道，這不難，請你出題面試便了！妓女便指定他以男女的歡娛作詞，詞中還要包涵十二個時辰，但不可明言。這當然是比較艱難的事，然而赤水毫不在意，提起筆來，一揮而就，便成了上詞。

赤水繳卷，妓擊節讚賞，從此妓愛赤水，竟超過赤水的愛妓女。」

像屠赤水的聰明不肯用於正路，專在邪門兒上用工夫，未免可惜。然而，他却能迷途知返，所謂：「浪子回頭金不換」，終于改邪歸正，做到尚書的官職，值得喝采！

戊編：清代

一 陸 震、浪淘沙

孤塚孤穿罅，對西風招魂剪紙，澆奠列鮓。野老爲言當日事，戰火連天相射，夜未半層城欲下。十萬橫磨刀似雪，儘孤臣一死他何怕，氣堪作，長虹掛。

難禁恨淚如鉛瀉，人道是衣冠葬所，音容難畫。欲仄路傍松與柏，日日行人繫馬，且一任樵蘇盡打。只有殘碑留漢字，細摩挲不識誰題者，一半是，荒苔藉。

此爲種園先生弔史閣墓所塡。載於其弟子鄭板橋詞鈔中，想來板橋也是想利用此集的流傳，爲他的老師，留下一點鴻瓜的意思。

按陸震，字仲子，江蘇興化人，工行草書，貧而好飲，嘗以筆典質換酒，有求書者，先出錢贖筆，然後再書。老年更苦，又無子女。淒淸之情，自可想見。種園乃是他的別號。板橋塡詞，便是種園先生所授。在他「七歌」的末首，便是爲陸而憤慨的！

二

鄭燮、念奴嬌

懸巖千尺，借歐力吳斧削成江郭。千里金城迴不盡，萬里洪濤噴薄。王濬樓船，旌麾直指，風利何曾泊。船頭列炬，等閒燒斷鐵索。

而今春去秋來，一江烟雨，萬點征鴻掠。叫盡六朝興廢事，叫斷孝陵殿閣。山色蒼涼，江流悍急，潮打空城脚。數聲漁笛，蘆花風起作作。

這是鄭燮中年，赴南京參加鄉試時，所填的一首「金陵懷古」憑弔石頭城者。在他的「板橋詞鈔」自序中，曾明白地指出其背景。他的詞，少年遊冶學秦柳，中年感慨學辛蘇，老年淡忘學劉蔣。秦柳自然是指的秦少游和柳永，兩人皆是強志盛氣，好奇而乖僻，多游狹邪而善爲歌詞。辛蘇指的是辛稼軒和蘇東坡，王國維指出，讀東坡稼軒詞，須觀其雅量高致，有伯夷柳下惠風。可見辛蘇的詞，學之不易。其實，也正是鄭燮的自負處。至於劉蔣，劉是劉過，蔣是蔣捷。在今天談詞，劉蔣的知名度，遠不如辛蘇，說得苛刻一些，劉蔣實乃承辛蘇之餘緒而已！惟劉白描而氣暢，一瀉千里。蔣淡泊而旨遠，氣態蕭然，鄭所指老年淡忘，實乃暗示個人心曲。欲以劉蔣作師承而已！按蔣捷是宋末遺民，德祐年間進士，宋亡不仕，大德間屢有推薦，皆不肯出來作官，板橋敬其人的氣節，意在言外。所謂老年淡忘學劉蔣，就無怪其然了。

據江寧府志提起，石頭城在南京古城的西面，俗呼「鬼臉城。」張紘謂秣陵爲楚威王所置，名曰金陵，秦始皇改名秣陵。世說注引丹陽記稱金陵爲石頭城。建康實錄引輿志謂：「吳時江在石頭下，爲險要必爭之地，南北戰伐咸據此爲勝負。」

由於以前有石頭半臨江上的史實，產生「江濤入城」的記載。但現江去城已遠，自然談不上「潮打空城腳」了！板橋此詠，當係就整體而言，並非專指金陵城也！

談到「金陵」此一地名，是戰國初年楚滅越後，因爲當地是藏有黃「金」的丘「陵」得名，稱做「金陵邑」，到了秦代，勘輿家指出，此地有龍虎五色彩氣湧出，必定會產生帝王霸業，朝廷爲了消彌扼阻帝王出現，設法破壞風水，將龍脈切斷，引淮水貫穿市區，今天南京城內的「秦淮河」，正是此說的濫觴。三國時代，吳雖據有江東，對「京口」也就是今天的鎮江很有好感，等到吳蜀聯盟，共擊曹操，諸葛孔明向孫權建議：「金陵地形，鍾阜龍蟠，石城虎踞，眞帝王之宅也，願君侯留意焉」。這才使孫權堅定意志，移居此地，建都改名爲「建業」，分明有着拓展始基，建立勳業的意思。晉時因避愍帝司馬業的名諱，改爲「建康」，歷東晉、宋、齊、梁、陳諸朝，皆以此作爲都城，可見秦代相士所說，還是有幾分可信。縱然是切斷龍脈，仍屬徒勞。直到隨文帝時，命他的兒子晉王楊廣滅陳，在石頭城放了一把大火，盡滅陳代的宮室市井，使石頭古城，名實俱亡。另在原城以東關建新城，命名「蔣山」，實緣吳大帝時，蔣子文曾著神靈於此山故名。也稱爲聖遊山。又因山上大都分爲紫色的頁岩，從南京下關遠望此山像個「金」字。稱爲紫金山。實在也是「此地必定會產生帝王霸業」一說的餘波盪漾，所以楊廣乾脆放一把火，燒了它去，免得再惹是非。其實明朝和民國的再次奠都於此，又豈是楊堅楊廣父子所逆料到的。金陵一度曾是「揚州府」的府治，甚至楊廣後來被弒死在揚州，更是匪夷所思了。不過，今日的南京城，既非當日的「石頭城」，也不是過去的「金陵城」。特在此加以說明。

按鄭燮，字克柔，是興化人。生於清康熙三十二年，死於乾隆三十年，享年七十三歲。他的一生，歷經康熙、雍正、乾隆等三朝。最妙的；他是康熙朝秀才，雍正朝舉人以及乾隆朝進士。爲人疏宕灑脫，天性獨摯。有奇才，不拘小節。可是他生不逢辰，正是異族入主中原，對文人志士，摧殘不遺餘力的時代。文字獄的驚心動魄，乃是衆所週知的事實，偏偏是康熙乾隆的好學，文藝在避開現實和政治的領域外，還有着輝煌燦爛，美好的光景。然而，人總不能脫離現實而生活，自有其靈性。更何況是文士；又是感情特別豐富的鄭燮？

他詩宗陶柳，近香山放翁，詞亦不肯作熟語，書出入漢隸中而別開生面，兼以餘事寫蘭竹，書有別致，以隸楷行三體相參，圓潤古秀；楷書尤精，惟不多作。畫工蘭竹，蘭葉用焦墨揮毫，以草書之中豎長撇法運之，畫竹多不亂，少不疏，脫盡時習。秀勁絕倫。一時有鄭虔三絕之目。著有鄭板橋全集，手書刊刻行世。因此，後人往往稱他爲鄭板橋而不名。

清史列傳中特別指出，燮詞弔古攄懷，尤擅勝場，或比之蔣士銓。他在「板橋詞鈔」序中，起首便說，燮詞不足存錄，蘭亭樓夫子謂燮詞好於詩，且付梓人，後來進益，不妨再更定。可見他所謂詞不足存錄，乃自謙語也。

不過，據說當他在范縣擔任縣令時，遇見一位盲人，名叫陳孟周，此人原不會作詞，他聽板橋塡詞，便問詞的調子。板橋讀太白菩薩蠻和憶秦娥給他聽，不久，陳竟用憶秦娥調，爲其友人塡詞二首。原詞是：

（一）

光陰瀉，春風記取花開夜；花開夜，明珠雙贈，相逢未嫁。

舊時明月如鉤掛，只今提起心還怕；心還怕，漏聲初定，玉樓人下。

（二）

何時了？有緣不若無緣好；無緣好，怎生禁得，多情自小。

重逢那覓囘生草，相思未創招魂稿；招魂稿，月雖無恨，天何不老！

板橋聽了，感到十分驚訝，逢人便唸出來大家欣賞。認爲：「青蓮自不可及，李後主辛稼軒何多讓矣！」因此他將自己的舊作數百首詞，一併取出來點火燒去。並且寫了兩首感懷的詩云：

（一）

圓嶠仙人海上飛，　吸風飲露不曾歸；
偶然唾墨成涓滴，　化作靈雲入少微。

（二）

世間處處可憐情，　冷雨淒風作怨聲；
此調再傳黃壤去，　癡魂何日出愁城。

第一首盛贊陳孟周的天才，第二首便頌揚前面的兩首詞。板橋的誇獎，並非溢美。也正是他的「服善」和「可敬」處。不過，卻因此使我們少讀不少板橋的詞。因爲板橋受此激盪，認爲自己十幾年來，從陸種園夫子學塡詞的苦修，曾不若陳孟周的稍受指點，成就如此輝煌，這才一氣之下，燒盡詞章。目前板橋詞鈔中，僅有七十七首，不如詩鈔數目之多。其實，也正是他的精心之作。

由於他的個性坦然，心地光明磊落，忠厚存仁，不隨波逐流，因此，他的軼事，特別膾炙人口，爰本談論詞人趣事之旨，介紹數則如次，藉博一粲如何？

板橋在范縣擔任縣令時，鎭上的崇仁寺和大悲庵相對。不知怎的，寺中小和尚和庵中小尼，有了愛戀的行動，被地保抓到，送到縣衙訊辦，板橋見這雙兒女，年齡差不多。覺得相戀也不是大罪，祇是犯了佛門戒律而已！有意成全，命他倆還俗，判爲夫婦。由於官方的調楚，不但使得僧尼雙方，兒受責罰，反而因禍得福，結爲夫婦，板橋的判決，是超出一般判例之外，情理法三者兼顧的措施，不但使縣民們，拍手叫好，在板橋判決的當時，立成一詩道：

一半葫蘆一半瓢，合來一處好成桃。
徒令人定風規寂，此後敲門月影遙。
鳥性悅時空即色，蓮花落處靜偏嬌。
是誰勾卻風流案，記取當年鄭板橋。

可見板橋是如何的灑脫了，這和今古奇觀書載喬太守的亂點鴛鴦，頗有異曲同功之妙！

另據清朝野史大觀書載，他在濰縣擔任縣令時，有一貧士，控告某富室賴婚。板橋先且不動聲色，把貧士喚來，知道是位勤懇篤實的人，將來一定會有前途。要他暫留縣衙，然後將富室召來，對他說，你的女兒既不能去過窮日子，何不拿出一千兩銀子來使喚，我保證替你辦好退婚手續，富人欣然同意。等送銀子來縣衙時，板橋又道，你的女兒既已及姘，遲早要嫁人的，我替她做媒，找一份好人家如何？富人又是千恩萬感地道謝，請代作伐。於是板橋把貧士叫了出來，對着富人說，你的女婿，有才識，肯用功，決不會久居人下，祇是太窮困了些。現在既然多了一千兩銀的資助，一定能使他激勵向進，也不致辜負你的好意。隨即囑咐貧士，把銀子和未婚妻一齊帶走。如此判定，女方家長自然無話可說，貧士獲金得妻，眞虧他想得出來。聞者莫不稱快。

比較更富傳奇性，爲人所熟道的，乃是「狗肉賺畫」的軼事，據清朝野史大觀談到，揚州有個鹽商，賦性鄙劣，久想價購板橋書畫，板橋深惡其人，吝不肯售，雖然輾轉購得幾幅，終因無自己的上款，懸掛起來不大光彩。後來探知板橋喜出遊，好吃狗肉，此商不惜重金，在板橋往常必經之途中，建一別院，竹籬茅舍，室內滿架圖書，純是文人寓地。禮聘一飽學寒士居之，然後囑名厨燉一鍋上好狗肉，預計板橋將過而待之。果然，板橋聞狗肉香味與琴音相伴，飄入耳鼻，循聲而往，竹林中儼然一院落，頗雅潔，入門見一人鬚眉甚古，危坐鼓琴，一童子烹狗肉方熟，板橋大喜，入語老人曰，翁亦喜狗肉乎？老人答以，百味惟此最佳，請嘗一臠。兩人未通姓名，並坐大啖。飽嚼後客座奉茶，板橋見其素壁，詢問何無字畫，老人曰，無佳者不屑張掛。此間惟鄭板橋享重名，惜無由得之。板橋笑曰，我卽鄭某也，盍爲翁揮毫一二。老人取出紙墨，板橋書竟，請求落款時，板橋曰，何與某鹽商同名，老人辯稱，老夫取此名時，鹽商尚未出世，清者自清，濁者自濁，同名何傷？板橋欣然落款而別，明日，鹽商宴客，丐知交務請板橋賞光，至則四壁皆板橋書畫，皆昨日贈老人之作，始知受騙，亦無可奈何。於此可知板橋當時聲名之重。

三　王國維、浣溪沙

掩卷平生有百端，飽更憂患轉冥頑，偶聽啼鴂怨。
坐覺無何消白日，更緣隨例弄丹鉛，閑愁無分況清歡。

王國維，字靜安，海寧人。學無專師，自立門戶，生平治經史，古文字，古器物學，兼及文學史及文學批評，均有獨到見地，實爲近世我國學術界之一大奇才。詩詞駢散文，無一不精工，他的文學批評名著有二，一爲紅樓夢評論，另一則爲人間詞話。有關詞話之精要，已在本書附錄中，予以轉錄，而免讀者翻閱他書之煩。其論述精瑩澄徹，深受世人之喜愛。

然而，靜安乃多愁善感之士，如從事文學，仍可於文字及著述中，求得發洩，得以抒解之。不幸靜安捨文學而專致於考證批判之林，疲精殫力於博覽深研，其對象繁賾枯燥，苦於純思考，求辨正。以致情感之壓抑，無從抒發，困心衡慮，日積月累，其內心隱微衝突之勞，一旦猝發，則不可收拾矣！此靜安之所以自沉，冀求觀脫之理由繫此。

縱觀靜安之詩詞中，悲世憫生，深婉愴楚之作比比皆是。所謂閒愁清歡，皆由於生活之欲，心境寂滅，則憂歡兩忘。靜安蓋視「弄丹鉛」，治考證爲遣愁之方，忘憂之地。此浣溪沙一詞，實乃其深心之流露也。讀者不難從此詞之字裹行間意會得之。雖以精勤之治學精神，冲淡抑鬱，實乃權宜之舉，畸形之發展。如環境寧謐，仍可獲一夕安枕。一旦外力之猝加，有所刺激，則將缺乏面對現實之勇氣，頹然自喪矣！

靜安之自殺，當時自有其特殊之背景，及其嚴重刺激之因素，非本書討論之範圍，不願爲畫蛇添足之贅，玆不論。然文人之心思愼密，往往推拓不開，乃至「天下本無事，庸人自擾之。」則一發不可收拾矣，悲夫！

四 納蘭性德、采桑子

誰翻樂府淒涼曲。風也蕭蕭，雨也蕭蕭、瘦**盡燈花又一宵。**
不知何時縈懷抱，醒也無聊，醉也無聊，夢也何曾到謝橋。

納蘭性德，字容若，原名成德，因爲避清世宗名諱「成」，因而改名性德。他是滿州正黃旗人，屬於葉赫部落，在我國文學史上，漢以外的民族，能對詩古文詞有成就的，金有元好問，元有馬祖常、貫雲石、蘇天爵、薩都剌等人而已，納蘭性德在清代可算是「詞壇祭酒」，由於他不擬古，自出機杼，意境高拔，稱得上是個中翹楚。他的父親是當時英武殿大學士，太傅。容若是長子，深得父親眷愛，自幼聰悟，又生於富貴文風興旺之家，因此能博覽羣書，成就他爲溫文典雅的才子。

他不但淹通經史，工詩詞，善書法，精于騎射，才能是多方面的，兼備文武之資。十七歲中秀才，廿二歲中進士，深受朝廷重視，被選爲御前侍衛，也因此使他能跟隨皇帝到海子、沙河、西山、湯泉、畿輔、五台、口外、盛京、烏剌、華山、闕星及江南一帶，使他能在「讀萬卷書」和「行萬里路」雙管齊下的環境裡，增加他的閱歷，啓發靈感，對文學的造詣來說，實在是大有裨益的！

容若秉性純篤，孝於親，父親偶有小病，他便衣不解帶，日夜在床前侍候，直到病痊，毫無怨言。可見，他雖生長在豪富之家，却很少紈袴子弟習氣。他喜歡塡詞，自唐、五代以來的名家詞皆自備選本，供研習揣摩之用。他偏愛北宋詞人，不喜南宋諸家。這也許由於南方、北方人的性格不同，北方人剛直，南方人和順，性德生於荒漠的塞北，自然就比較和北宋人的性格，相接近了！

他的詞清新秀發，自然超逸，往往不受聲律限制，題爲「側帽集」，後改名爲「飲水集」，白天，他隨侍皇帝，晚上便塡詞讀書，把一切尊榮利祿看得很輕，却永遠沉醉在吟詠的氣氛中，純粹是文人的性格。這種氣質，才會使他產生出在詞壇上崇高的成就。

他的詞，特別是幾首悼亡之作，哀艷淒涼感人至深。本來他夫妻感情甚好，不幸中年喪妻，深受打擊而意志消沉，這精神上的空虛，不是任何物質可以補償的。感慨生命無常，因此，一片葉一朶花一彎月，都會引發他的愁思。所以反映在文學上的精神，是浪漫的，深厚的，哀艷的，現實的，最能激起人們的共鳴。他的詞，有時音律典故不協，修詞不工，只是抒發性靈的信手白描。因此形成詞句的淺顯，和形式的短小。但却蘊蓄着無比的生命潛力。覺其眞摯可愛，彷彿是作者在低訴心聲！

這闋采桑子，是他個人的上乘之作，詞中用兩個重叠的短語，加重景物的描寫，加深心情的刻劃，將滿腹心事，而又無可奈何的情形，活生生地襯托了出來。

對容若詞的評價，差不多是衆口一詞，認爲是淸代詞人冠冕。

顧貞觀說：「容若詞一種悽慘處，令人不忍卒讀。」

丁藥園說：「容若塡詞，有飮水、側帽二本，大約於尊前馬上得之。讀之如名花美錦，郁然而新。又如太液波澄，明星皎潔。宋初，周待制領大晟樂府，比切聲調十一律，柳屯田增至二百餘闋，然亦有昧於音節，如蘇長公，猶不免鐵綽板之譏。今容若以侍衞能文，少年科第，間爲詩餘，其工於音律如此，惜乎不能永年，悲夫！」

聶晉人說：「容若爲相國之子，少工塡詞，香艷中更覺淸新，婉麗處又極俊逸，眞所謂筆花四照，一字移動不得也。惜乎早赴修文，人皆惋惜，所謂：天雨粟，鬼夜哭，果有之耶！」

王國維也說：「納蘭容若以自然之眼觀物，以自然之舌言情，此由初入中原未染漢人風氣，故眞切如此，北宋以來，一人而已。」可謂一言概括，成爲定評。

五 吳偉業、賀新娘

萬事催華髮，論龔生，天年竟夭，高名難沒。吾病難將醫藥治，耿耿胸中熱血；待酒向西風殘月。剖卻心肝今置地，問華陀，解我腸千結。追往事，倍淒咽。

故人慷慨多奇節，爲當灑沉吟不斷，草間偷活，艾灸眉頭瓜噴鼻，今日須難決絕，早患苦，重來千疊，脫屣妻孥非易事，竟一錢不值何須說！人世事，幾完缺？

吳偉業，字駿公，號梅村，江蘇太倉人。明末以文才見知於莊烈帝，年二十授翰林院編修，爲東宮侍讀。明亡後，退居鄉里，清廷曾以詔修明史，逼吳出仕，甚至以吳父的安全相要挾，吳不能求免，生事二姓，歿列貳臣，深爲自悔。其父死後，再不肯任官。老病瀕危之際，自嘆一錢不值。本闋賀新郎，乃是他晚年爲「病中有感」而作，道盡他臨歿前的悔恨心聲。蓋在當時，一般有志氣的文人，都責他有虧大節，不肯和他來往，說他「一文不值」。臨死遺言以僧袍爲殮，墓前飭石，題爲「詩人吳梅村之墓」即可，足見其傷心人別有懷抱了！

梅村詩，清華綺麗，尤善長篇紀事詩，以「圓圓曲」、「鴛鴦曲」等最爲膾炙人口。在明末清初的詩人，當推吳及常熟錢謙益，合肥龔鼎孳，號稱江左三大家。惟三人皆失節仕清。錢明末官禮部尚書，清順治收拾江南，謙益出降，轉任清禮部侍郎。當明朝覆亡時，錢已納名妓柳如是爲妾，如是勸錢盡忠，不聽。卒爲降臣。錢死後，如是跳樓自盡，以身殉，論者以爲錢不如柳，就詩文論，龔不及吳，吳不及錢。就人品論，牧齋卑下，而梅村情有可愿，因此錢的詩詞，造詣雖深，但其風節可議，爲時人及後世所摒棄，因此他的詩文再高，也沒有人願意賞識，由之，一個人的品德，足以影響到一生的榮辱，就不能不知所警惕了！

六　吳藻、金縷曲

一夜觀星墜，步姍姍碧空飛下，水仙花朵。名將儒風從來少，況有鳳雛親課，喜嬌小才偏勝左。視匣琉璃隨身抱，拂紅箋吟盡書窗大，九天外，落珠唾。凝妝鎮日臨池坐，好清閒，書禪畫聖，香名早播。始信大家聲調別，福慧他年誰過？覺展卷自慚形涴，儂是人間傷心者，怕郊寒島瘦詩難可。拈此闋，代酬和。

吳藻，字蘋香，自號玉岑子，浙江仁和人，乃是清嘉慶年間一位出色的女詞人。幼年時候，就有文名。後來嫁給同縣黃姓商人爲妻。她所製的樂府「喬影」。膾炙人口，傳頌一時。

由於她的父親以及丈夫皆是從商，對文學不大重視，也因此忽略了她的天才和造詣，使她得不到精神上的鼓勵和慰藉，形之於外，發之於內的，祇有用詩詞，來抒發結鬱，和胸中的不平之氣了。

「西泠閨詠」談到，她嘗寫飲酒讀騷小影，着男子裝。更足以說明，她的才華是多方面的，而她心靈上的空虛，和情感上的痛楚，也就不言可喻了！晚年，她移居南湖，古城野水多梅花，她自自己的居處，名爲「香南雪北廬」。也因此，她的後期詞集，大約是三十歲以後的作品，稱爲「香南雪北詞集」。此集完成後，她曾在序裡，這樣說：

「十年來，憂患餘生，人事有不可言者。引商刻徵，吟事遂廢。此後恐不更作，因檢叢殘剩稿，恕而存焉。即以居室之名名之。自今以往，掃除文字，潛心奉道。香山南，雪山北，皈依淨土，幾生修得到梅花乎！」

從她上述的一般序言裏，也不難想像其當時的窘境和消極的態度了！

大抵「感情脆弱」，文人特別敏感，又何況是滿腹經論的才女呢？

清代詞人之多，屈指難數，彙編成集，有錄可稽者，奚止三千人，但終不若宋詞之規模，因襲前人之處既多，亦難另立新意，不能使人產生耳目一新之感，故選錄出來的不多。幸而本書既非「詞論」，亦非「詞史」。沒有選輯時的顧慮。也不過是承「詞話」之餘緒，拾輟些斷簡殘篇零星小語，作爲飯後茶餘的消遣之需，至於個人的見解粗淺不文，惟盼讀者諸公在「妄言妄聽」之餘，曲予諒解而已！

附錄

論詞雜箸

周濟

兩宋詞各有盛衰：北宋盛於文士，而衰於樂工；南宋盛於樂工，而衰於文士。

北宋有無謂之詞以應歌，南宋有無謂之詞以應社。然美成蘭陵王，東坡賀新涼，當筵命筆，冠絕一時。碧山齊天樂之詠蟬，玉潛水龍吟之詠白蓮，又豈非社中作乎？故知雷雨鬱蒸，是生芝菌；荆榛蔽芾，亦產蘭蕙。

詞有高下之別，有輕重之別。飛卿下語，鎭紙端已揭響入雲，可謂極兩者之能事。

近人頗知北宋之妙，然終不免有姜張二字橫亙胸中，豈張在南宋亦非巨擘乎。論詞之人，叔夏晚出，既與碧山同時，又與夢窗別派，是以過尊白石，但主清空，後人不能細研詞中曲折深淺之故，羣聚而和之，并爲一談，亦固其所也。

學詞先以用心爲主，遇一事，見一物，卽能沉思獨往，冥然終日，出手自然不平。次則講片段，次則講離合，一覽索然矣！次則講色澤音節。

感慨所寄，不過盛衰。或綢繆未雨，或太息厝薪，或己溺己飢，或獨清獨醒，隨其人之性情學問境地，莫不有由衷之言。見事多，識理透，可爲後人論世之資。詩有史，詞亦有史，庶乎自樹一幟矣。若乃離別懷思，感士不遇，陳陳相因，唾瀋互拾，便思高揖溫韋，不亦恥乎？

初學詞求空，空則靈氣往來。既成格調，求實，實則精力彌滿。初學詞求有寄託，有寄託則表裏相宣，斐然成章。既成格調，求無寄托，無寄託則指事類情，仁者見仁，智者見智。北宋詞下者在南宋下，以其不能空，且不知寄託也。高者在南宋上，以其能實且能無寄託也。南宋則下不犯北宋拙率之病，高不到北宋渾涵之詣。

皋文曰：飛卿之詞！深美閎約，信然。飛卿醞釀最深，故其言不怒不懾，備剛柔之氣。南宋人始露痕跡。花間極有渾厚氣象，如飛卿則神理超越，不復可以迹象求矣。然細繹之，正字字有脈絡。

端己詞清艷絕倫，初日芙蓉春月柳，使人想見風度。

皋文曰：延已爲人專蔽固嫉，而其言忠愛纏綿，此其君所以深信而不疑也。

永叔詞只如無意，而沉著在和平中見。

耆卿爲世訾謷久矣，然其鋪敘委宛，言近意遠，森秀幽淡之趣在骨。耆卿樂府多故惡濫，可笑者多，使能珍重下筆，則北宋高手也。

晉卿曰：少游正以平易近人，故用力者終不能到。

良卿曰：少游詞如花含苞，故不甚見其力量，其實後來作手無不胚胎於此。

美成思力，獨絕千古，如顏平原書，雖未臻兩晉，而唐初之法，至此大備。後有作者，莫能出其範圍矣。讀得清眞詞多，覺他人所作，都不十分經意。鉤勒之妙，無如清眞，他人一鉤勒便薄，清眞愈鉤勒愈渾厚。

子高不甚有重名，然格韻絕高，昔人謂晏周之流亞。晏氏父子，俱非其敵；以方美成，則又擬於不倫；其溫韋高弟乎？比溫則薄，比韋則悍，故當入出二氏之門。

梅溪甚有心思，而用筆多涉尖巧，非大方家數，所謂一鉤勒卽薄者。梅溪詞中喜用偸字，足以定其品格矣。

良卿曰：尹惟曉前有清眞後有夢窗之說，可謂知言。夢窗每於空際轉身，非具大神力不能。夢窗非無生澀處，總勝空滑，況其佳者，天光雲影，搖蕩綠波，撫玩無斁，追尋已遠。君特意思甚感慨，而寄情閑散，使人不易測其中之所有。

李後主詞如生馬駒，不受控捉。毛嬙西施，天下美婦人也，嚴妝佳，淡妝亦佳，粗服亂頭，不掩國色。飛卿嚴粧也，端己淡妝也，後主則粗服亂頭矣。

人賞東坡粗豪，吾賞東坡韶秀。韶秀是東坡佳處，粗豪則病也。

東坡每事俱不十分用力，古文書畫皆爾，詞亦爾。

稼軒不平之鳴，隨處輒發，有英雄語，無學問語，故往往鋒穎太露。然其才情富豔，思力果銳，南北兩朝，實無其匹。無怪流傳之廣且久也。世以蘇辛並稱，蘇之自在處，辛偶能到之；辛之當行處，蘇必不能到。二公之詞，不可同日語也。後人以粗豪學稼軒，非徒無其才並無其情。稼軒固是大才，然情至處，後人萬不能及。

北宋詞多就景敍情，故珠圓玉潤，四照玲瓏。至稼軒白石一變而爲卽事敍景，使深者反淺，曲者反直，吾十年來，服膺白石，而以稼軒爲外道，由今思之，可謂瞽人捫籥也。稼軒鬱勃故情深，白石放曠故情淺；稼軒縱橫故才大，白石局促故才小。惟暗香疏影二詞，寄意題外，包蘊無窮，可與稼軒伯仲。餘俱據事直書不過手意近辣耳。白石詞如明七子詩，看是高格響調，不耐人細思。白石以詩法入門，門徑淺狹如孫過庭書，但便後人模倣。白石好爲小序，序卽是詞，詞仍是序，反覆再觀，如同嚼蠟矣。詞序作詞緣起，以此意詞中未備也。今人論院本尙知曲白相生，不許複沓，而獨津津於白石詞序，一何可笑。

竹山薄有才情，未窺雅操。

公瑾敲金戛玉，嚼雪盥花，新妙無與爲匹。公瑾只是詞人，頗有名心，未能自克，故雖才情詣力，色色絕人，終不能超然遐擧。

中仙最多故國之感，故著力不多，天分高絕，所謂意能尊體也。中仙最近叔夏一派，然玉田自遜其深遠。

玉田近人所最尊奉，才情詣力，亦不後諸人。終覺積穀作米，把纜放船，無開闊手段。然其清絕處，自不易到。玉田詞佳者匹敵聖與，往往有似是而非處不可不知。叔夏所以不及前人處，只在字句上著功夫，不肯換意。若其用意佳者，即字字珠輝玉映，不可指摘。近人喜學玉田，亦爲修飾字句易，換意難。

西麓疲輭凡庸，無有是處。書中有館閣書，西麓殆館閣詞也。西麓不善學少游，少游中行，西麓鄉愿。竹屋得名甚盛，而其詞一無可觀，當由社中標榜而成耳。然較之西麓，尚少厭氣。

蒲江小令，時有佳趣，長篇則枯燥無味，此才小也。

閨秀詞惟清照最優，究苦無骨。

人間詞話

王國維

詞以境界爲最上。有境界則自成高格，自有名句。五代北宋之詞，所以獨絕者在此。

有造境，有寫境，此理想與寫實二派之所由分。然二者頗難分別，因大詩人所造之境必合乎自然，所寫之境亦必鄰於理想故也。

有有我之境，有無我之境。「淚眼問花花不語，亂紅飛過秋千去。」「可堪孤舘閉春寒，杜鵑聲裡斜陽暮。」有我之境也。「采菊東籬下，悠然見南山。」「寒波澹澹起，白鳥悠悠下。」無我之境也。有我之境，以我觀物，故物皆著我之色彩。無我之境，以物觀物，故不知，何者爲我，何者爲物。古人爲詞，寫有我之境者爲多，然未始不能寫無我之境，此在豪傑之士，能自樹立耳！

無我之境，人唯於靜中得之，有我之境，于由動之靜時得之，故一優美，一宏壯也。

自然中之物互相關係，互相限制。然其寫之于文學及美術中也，必遺其關係限制之處，故雖寫實家亦理想家也。又雖如何虛構之境，其材料必求之于自然，而其構造亦必從自然之法律。故雖理想家亦寫實家也。

境非獨謂景物也，喜怒哀樂亦人心中之一境界。故能寫眞景物眞感情者，謂之有境界。否則謂之無境界。

「紅杏枝頭春意鬧」，著一鬧字，而境界全出。「雲破月來花弄影」，著一弄字，而境界全出矣！

境咯有大小，不以是而分優劣。「細雨魚兒出，微風燕子斜。」何遽不若「落日照大旗，馬鳴風蕭蕭？」「寶簾閒挂小銀鈎。」何遽不若「霧失樓台，月迷津渡。」也？

嚴滄浪詩話謂：「盛唐諸公，唯在興趣，羚羊挂角，無跡可求。故其妙處，透澈玲瓏，不可湊拍，如空中之音，相中之色，水中之影，鏡中之象，言有盡而意無窮。」余謂北宋以前之詞，亦復如是。然滄浪所謂興趣，阮亭所謂神韻，猶不過道其面目，不若鄙人拈出境界二字，爲探其本也。

太白純以氣象勝，「西風殘照，漢家陵闕。」寥寥八字，遂關千古登臨之口，後世唯范文正之漁家傲，夏英公之喜遷鶯，差足繼武，然氣象已不逮矣。

張臯文謂飛卿之詞，深美閎約，余謂此四字，唯馮正中足以當之，劉融齋謂飛卿精豔絕人，差近之耳。

「畫屏金鷓鴣」飛卿語也，其詞品似之。「絃上黃鶯語，」端己語也，其詞品亦似之。正中詞品，若欲于其詞句中求之，則「和淚試嚴粧」殆近之歟。

南唐中主詞「菡萏香銷翠葉殘，西風愁起綠波閒，」大有衆芳蕪穢，美人遲暮之感。乃古今獨賞其「細雨夢回鷄塞遠，小樓吹徹玉笙寒。」故知解人正不易得。

溫飛卿之詞，句秀也。韋端己之詞，骨秀也。李重光之詞，神秀也。

詞至李後主而眼界始大，感慨遂深，遂變伶工之詞而爲士大夫之詞。周介存置諸溫韋之下，可謂顚倒黑白矣。「自是人生長恨水長東」「流水落花春去也，天上人間。」金荃浣花能有此氣象耶？

詞人者，不失其赤子之心者也。故生於深宮之中，長于婦人之手，是後主爲人君所短處，亦卽爲詞人所長處。

客觀之詩人不可不多閱世，閱世愈深則材料愈豐富，愈變化，水滸傳紅樓夢之作者是也。主觀之詩人不必多閱世，閱世愈淺則性情愈眞，李後主是也。

尼采謂一切文學，余愛以血書者。後主之詞，眞所謂以血書者也。宋道君皇帝燕山亭詞，亦略似之。然道君不過自道身世之戚，後主則儼有釋迦基督擔荷人類罪惡之意，其大小固不同矣。

馮正中詞雖不失五代風格，而堂廡特大，開北宋一代風氣，與中後二主詞，皆在花間範圍之外，宜花間集中，不登其隻字也。

正中詞除鵲踏枝菩薩蠻十數闋最煊赫外，如醉花間之「高樹鵲啣巢，斜月明寒草，」余謂韋蘇州之「流螢渡高閣，」孟襄陽之「疏雨滴梧桐，」不能過也。

歐九浣溪詞「綠楊樓外出秋千，」晁補之謂只一出字，便後人所不能道。余謂此本于正中上行杯詞「柳外秋千出畫牆，」但歐語尤工耳。

梅舜俞蘇幕遮詞「落盡梨花春事了，滿地斜陽，翠色和煙老。」劉融齋謂少游一生似專學此種。余謂馮正中玉樓春詞「芳菲次第長相續，自是情多無處足，尊前百計得春歸，莫爲傷春眉黛促。」永叔一生似專學此種。

人知和靖點絳脣，舜俞蘇幕遮，永叔少年遊三闋，爲詠春草絕調，不知先有正中「細雨濕流光」五字，皆能攝春草之魂者也。

詩蒹葭一篇最得風人深致。晏同叔之「昨夜西風凋碧樹，獨上高樓，望盡天涯路，」意頗近之。但一灑落，一悲壯耳。

「我瞻四方，蹙蹙靡所騁」，詩人之憂生也。「昨夜西風凋碧樹，獨上高樓，望盡天涯路」似之。「終日馳車走，不見所問津。」詩人之憂世也「百草千花寒食路，香車繫在誰家樹」似之。

古今之成大事業，大學問者，必經過三種之境界：「昨夜西風凋碧樹，獨上高樓，望盡天涯路。」此第一境也。「衣帶漸寬終不悔，爲伊消得人憔悴。」此第二境也。「衆裏尋他千百度，回頭驀見那人，正在燈火闌珊處。」此第三境也。此等語皆非大詞人不能道。然遽以此意解釋諸詞，恐晏歐諸公所不許也。

永叔「人間自是有情癡，此恨不關風與月，直須看盡洛城花，始與東風容易別。」於豪放之中有沉著之致，所以尤高。

馮夢華宋六十一家詞選序例謂淮海小山古之傷心人也，其淡語皆有味，淺語皆有致。余謂此唯淮海足以當之。小山矜貴有餘，但可方駕子野方回，未足抗衡淮海也。

少游詞境最爲淒惋，至「可堪孤館閉春寒，杜鵑聲裡斜陽暮，」則變爲淒厲矣。東坡賞其後二語，猶爲皮相。

「風雨如晦，鷄鳴不已，」「山峻高以蔽日兮，下幽晦以多雨，霰雪紛其無垠兮，雲霏霏而承宇。」「樹樹皆秋色，山山盡落暉，」「可堪孤館閉春寒，杜鵑聲裡斜陽暮。」氣象皆相似。

昭明太子稱陶淵明詩，跌宕昭彰，獨超衆類，抑揚爽朗，莫之與京。王無功稱薛收賦，韻輕高奇，詞義晦遠，嵯峨蕭瑟，眞不可言。詞中惜少此二種氣象，前者唯東坡，後者唯白石，略得一二耳。

詞之雅鄭，在神不在貌。永叔少游雖作豔語，終有品格，方之美成。便有淑女與倡伎之別。

美成深遠之致，不及歐秦，唯言情體物，窮極工巧，故不失爲第一流之作者，但恨創調之才多，創意之才少耳。

詞忌用替代字，美成解語花之「桂華流瓦，」境界極妙，惜以桂華二字代月耳。夢窗以下，則用代字更多。其所以然者，非意不足，則語不妙也。蓋意足則不暇代，語妙則不必代，此少游之「小樓連苑繡轂雕鞍」所以爲東坡所譏也。

沈伯時樂府指迷云：「說桃不可直說破桃，須用紅雨劉郎等字；說柳不可直說破柳，須用章台霸岸等字。」若惟恐人不用代字者。果以是爲工，則古今類書具在，又安用詞爲耶？宜其爲提要所譏也。

美成青玉案詞「葉上初陽乾宿雨，水面清圓，一一風荷擧，」此眞能得荷之神理者。覺白石念奴嬌惜紅衣二詞，猶有隔霧看花之恨。

東坡水龍吟咏楊花，和均而似原唱，章質夫詞，原唱而似和均，才之不可強也如是。

詠物之詞，自以東坡水龍吟爲最工。邦卿雙雙燕次之。白石暗香疏影，格調雖高，然無一語道著，視古人「江邊一樹垂垂發」等句何如耶。

白石寫景之作如「二十四橋仍在，波心蕩，冷月無聲，」「數峯清苦，商略黃昏雨，」「高樹晚蟬，說西風消息，」雖格韻高絕，然如霧裡看花，終隔一層。梅溪夢窗諸家，寫景之病皆在一隔字。北宋風流，渡江遂絕，抑眞有運會存乎其間耶？

問隔與不隔之別。曰：陶謝之詩不隔，延年則稍隔矣；東坡之詩不隔，山谷則稍隔矣。「池塘生春草」「空梁落燕泥」等二句，妙處唯在不隔，詞亦如是。即以一人一詞論，如歐陽公少年遊詠春草上半闋云：「闌干十二獨憑春，晴碧遠連雲，二月三月，千里萬里，行色苦愁人。」語語都在目前，便是不隔。至云：「謝家池上，江淹浦上。」則隔矣。白石翠樓吟：「此地宜有詞仙，擁素雲黃鶴，與君游戲。王梯凝望久，嘆芳草萋萋千里。」便是不隔。至「酒祓清愁，花消英氣，」則隔矣。然南宋詞雖不隔處，比之前人，自有淺深厚薄之別。

「生年不滿百，常懷千歲憂。晝短苦夜長，何不秉燭遊？」、「服食求神仙，多爲藥所誤，不如飲美酒，被服紈與素。」寫情如此，方爲不隔。「采菊東籬下，悠然見南山。」「山氣日夕佳，飛鳥相與還。」「天似穹廬，籠蓋四野。天蒼蒼，野茫茫，風吹草低見牛羊。」寫景如此，方爲不隔。

古今詞人格調之高，無如白石，惜不于意境上用力，故賞無言外之味，弦外之響，終不能與于第一流之作者也。

南宋詞人，白石有格而無情，劍南有氣而乏韻，其堪與北宋人頡頏者，唯一幼安耳。近人祖南宋而祧北宋，以南宋之詞可學，北宋不可學也。學南宋者不祖白石，則祖夢窗，以白石夢窗可學，幼安不可學也。學幼安者率祖其粗獷滑稽，以其粗獷滑稽處可學，佳處不可學也。幼安之佳處在有性情，有境界；即以氣象論，亦有傍素波干青雲之概。寧後世齷齪小生所可擬耶？

東坡之詞曠，稼軒之詞豪，無二人之胸襟而學其詞，猶東施之效捧心也。

讀東坡稼軒詞，須觀其雅量高致，有伯夷柳下惠之風。白石雖似蟬蛻塵埃，然終不免局促轅下。

蘇辛詞中之狂，白石猶不失爲狷，若夢窗梅溪玉田草窗西麓輩，面目不同同歸於鄉愿而已。

稼軒中秋飲酒達旦，用天問體作木蘭花慢以送月曰：「可憐今夜月，向何處，去悠悠？是別有人間，那邊才見，光景東頭。」詞人想像，直悟月輪遶地之理，與科學家密合，可謂神悟。

周介存謂：「梅溪詞中喜用偷字，足以定其品格。」劉融齋謂：「周旨蕩而史意貪。」此二語令人解頤。

介存謂：「夢窗詞之佳者如水光雲彩，搖蕩綠波，撫玩無極，追尋已遠。」余覽夢窗甲乙丙丁稿中實無足當此者，有之，其「隔江人在雨聲中，晚風菰葉生愁怨」二語乎。

夢窗之詞，余得取其詞中之一語以評之，曰：「映夢窗凌亂碧」。玉田之詞，余得取其詞中之一語以評之曰：「玉老田荒。」

「明月照積雪，」「大江流日夜，」「中天懸明月，」「黃河落日圓，」此種境界，可謂千古壯觀，求之于詞，唯納蘭容若塞上之作，如長相思之「夜深千帳燈，」如夢令之「萬帳穹廬人醉，星影搖搖欲墜，」差近之。

納蘭容若以自然之眼觀物，以自然之舌言情。此由初入中原未染漢人風氣，故能眞切如此。北宋以來，一人而已。

陸放翁跋花間集，謂：「唐宋五代，詩愈卑，而倚聲輒簡古可愛。能此不能彼，未可以理推也。」提要駁之，謂「猶能舉七十斤者，舉百斤則蹶，舉五十斤則運掉自如」。其言甚辨。然謂詞必易於詩，余未敢信。善乎陳臥子之言曰：宋人不知詩，而強作詩，故終宋之世無詩。然其歡愉愁苦之致動於中，而不能抑者，類發于詩餘，故其所造獨工。五代詞之所以獨勝，亦以此也。

四言敝而有楚辭，楚辭敝而有五言，五言敝而有七言，古詩敝而有律絕，律絕敝而有詞。蓋文體通行既久，染指遂多，自成習套。豪傑之士，亦難于其中自出新意，故遁而作他體，以自解脫。一切文體所以始盛中衰者，皆由于此。故謂文學後不如前，余未敢信。但就一體論，則此說固無以易也。

詩之三百篇十九首，詞之五代北宋，皆無題也；非無題也，詩詞中之意，不能以題盡之也。自花庵草堂每調立題，幷古人無題之詞亦爲作題。如觀一幅佳山水，而卽曰此某山某水，可乎？詩有題而詩亡，詞有題而詞亡，然中材之士，鮮能知此而自振拔者矣。

大家之作，其言情也必沁人心脾，其寫景也必豁人耳目，其辭脫口而出，無矯揉妝束之態。以其所見者眞，所知者深也。詩詞皆然。持此以衡古今之作者，可無大誤矣。

人能于詩詞中不爲美刺投贈之篇，不使隸事之句，不用粉飾之字，則于此道已過半矣。以長恨歌之壯采，而所隸之事只「小玉雙成」四字，才有餘也。梅村歌行，則非隸事不辦，白吳優劣，即於此見。不獨作詩爲然，塡詞家亦不可不知也。

近體詩體製，以五七言絕句爲最尊，律詩次之，排律最下，蓋此體于寄興言情，兩無所當，殆有均之駢體文耳。詞中小令如絕句，長調似律詩，若長調之百字令沁園春等，則近于排律矣。

詩人對宇宙人生須入乎其內，又須出乎其外。入乎其內故能寫之，出乎其外故能觀之。入乎其內故有生氣，出乎其外故有高致。美成能入而不能出，白石以降，于此二事皆未夢見。

詩人必有輕視外物之意，故能以奴僕命風月。又必有重視外物之意，故能與花鳥共憂樂。

「昔爲倡家女，今爲蕩子婦。蕩子行不歸，空牀難獨守。」、「何不策高足，先據要路津。無爲久貧賤，轗軻長苦辛。」可謂淫鄙之尤。然無視爲淫詞鄙詞者，以其眞也。五代北宋之大詞人亦然。非無淫詞，讀之者，但覺其親切動人；非無鄙詞，但覺其精力彌滿。可知淫詞與鄙詞之病，非淫與鄙之病，而游詞之病也。「豈不爾思，室是遠而，」而子曰：「未之思也。夫何遠之有？」惡其游也。

「枯藤老樹昏鴉，小橋流水平沙，古道西風瘦馬，夕陽西下，斷腸人在天涯。」此元人馬東籬天淨沙小令也。寥寥數語，深得唐人絕句妙境。有元一代詞家，皆不能辨此也。

白仁甫秋夜梧桐雨劇，沈雄悲壯，爲元曲冠冕，然所作天籟詞粗淺之甚，不足爲稼軒奴隸。創者易工，而因者難巧歟？抑人各有能有不能也。讀者觀歐秦之詩，遠不如詞，足透此中消息。

中華語文叢書
1912

詞人詞事趣談

作　　者／陸家驥 編著
主　　編／劉郁君
美術編輯／鍾　玟

出 版 者／中華書局
發 行 人／張敏君
副總經理／陳又齊
行銷經理／王新君
地　　址／11494 臺北市內湖區舊宗路二段181巷8號5樓
客服專線／02-8797-8396　　傳　　真／02-8797-8909
網　　址／www.chunghwabook.com.tw
匯款帳號／華南商業銀行　西湖分行
179-10-002693-1　中華書局股份有限公司

法律顧問／安侯法律事務所
製版印刷／維中科技有限公司　海瑞印刷品有限公司
出版日期／2018年5月再版
版本備註／據1979年9月初版復刻重製
定　　價／NTD 250

國家圖書館出版品預行編目（CIP）資料

詞人詞事趣談 / 陸家驥編著. -- 再版.-- 臺北市 : 中華書局, 2018.05
面 ;　公分. -- (中華史地叢書)
ISBN 978-957-8595-37-8(平裝)

1.中國文學 2.作家 3.傳記

782.24　　107004938

NO.H2065
ISBN 978-957-8595-37-8（平裝）

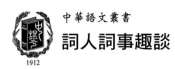